DICHTERWETTSTREIT *deluxe*

Über die Autorin

Alina Pfeifer (*2000) lebt irgendwo zwischen Hessen und Meerweh. Sie träumt oft und denkt viel. Manchmal zu viel. Wenn Kopf und Herz voll sind, schreibt sie das alles schließlich auf, meist mit dem Stift in der einen und einer Tasse Kaffee in der anderen Hand. Damit fing die studierte Gesundheits- und Krankenpflegerin 2016 an und hat bis heute nicht damit aufgehört. 2020 erschien ihr erstes Buch „Himmel trifft Erde – Über Gott und meine Welt". In ihrem zweiten Herzensprojekt rückt der Himmel beim Dichterwettstreit deluxe Verlag noch näher an die Erde, die sich auch dann noch weiterdreht, wenn man es nicht glauben kann.Wann immer sie die Zeit findet, reist Alina liebend gerne. Eine Reise ist wohl auch diese Textsammlung. Eine Reise bis zum Meer und zurück.

Mehr unter: @autorin_alina_pfeifer auf Instagram

Alina Pfeifer

Himmel auf Erden

Durch Glaube
und Zweifel
bis zum Meer
und zurück

DICHTERWETTSTREIT *deluxe*

Für uns.

Da liegt Dankbarkeit in der Vergangenheit.
Da ist Schönheit im Hier und Jetzt.
&
Da ist Himmel in unseren Herzen.

Inhalt

Vorwort

Hey du!
Das hier könnte eine Art Bedienungsanleitung sein.
Ein Kompass.
Ein Wegweiser.
Eine Karte für unsere gemeinsame Reise.
Eine Reise bis zum Meer und zurück.
Eine Reise auf Umwegen.
Naja, nennen wir es Lebenswege.
Eine Reise durch Höhen und Tiefen, über Liebe und Freundschaft, mit Glauben und Zweifel, für Glücksmomente und Hoffnungsschimmer *bis zum Meer und zurück.*

Das hier könnte eine Vorschrift sein, die besagt, dass du Text für Text und Kapitel für Kapitel lesen sollst, ohne etwas zu überspringen, weil wir auch im wahren Leben keine Seiten überspringen können.
Das hier könnte so viel sein.
Und doch ist es nur ein Vorwort.
Und ein „Schön, dass es dich gibt!"
Das hier, das ist erst der Anfang.
Komm, wir verreisen zusammen.
Ans Meer.
Danke, dass du Teil der Reise bist.
Viel Freude dabei.

Alles Liebe,
Alina

ÜBER DAS GESTERN

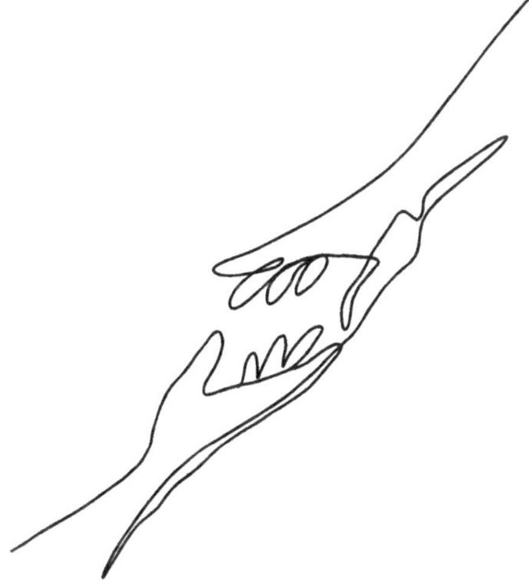

Losgelassen und losgegangen

Ausgesperrt

Hast du gewusst, wann es das letzte Mal war? Das letzte Mal Kaffeetrinken mit deiner besten Freundin, das letzte Mal Fitnessstudio, das letzte Mal Schule, das letzte Mal Urlaub? Wusstest du, wann das letzte Mal für eine lange Zeit sein wird? Nein, ich habe es bloß geahnt. Aber eigentlich wusste ich es genauso wenig, wie damals, als ich mich das letzte Mal mit meiner damaligen besten Freundin traf.

Lockdown. Shutdown. Ausgangssperre. Eingesperrt. Aber ich war gleichzeitig ausgesperrt. Wie im Treppenhaus des Hauses, außerhalb der Wohnung. Im Haus, die Haustür zu, eingesperrt. Den Wohnungsschlüssel aber nicht dabei. Ausgesperrt im Hausflur. Ein- und ausgesperrt. Zuhause eingesperrt und ausgesperrt im Herzen. Ich konnte nicht mehr. Aber das Leben nahm darauf keine Rücksicht, es ging weiter. Die Welt drehte sich weiter, auch wenn es sich anders anfühlte als bisher. Das war unfair. Ich wollte das Leben an so manchem Tag gegen die Wand klatschen, anschreien, bis mir einfiel, dass es lebenswert ist, auch wenn nicht immer wunderschön.

Und ja, das Leben ging weiter. Zog seine Kreise und sog mich auf wie ein schwarzes Loch. Mich und alles, was ich glaubte zu brauchen. Weg. In dem Moment, in dem ich mich in dem Türrahmen das letzte Mal umdrehte, ohne zu wissen, dass es das letzte Mal war, zerbrach alles in und vor mir in tausend Scherben. Mein perfekt durchgeplanter Plan mal wieder am Ende. Mein Herz kaputt. Ein Scherbenhaufen vor mir.

Was bleibt, wenn alles geht? Was bringt es mir, dass Corona Krone heißt? Was hatte das mit Ostern zu tun? Und was ist jetzt mit meinen Plänen? Ach, und Gott, wo warst du eigentlich schon wieder, als meine Welt den Bach runterging und ich mich an den unzähligen Scherben schnitt? Wo du warst, frage ich dich jetzt! Eingesperrt, ausgesperrt, alles kaputt, Hoffnung weg, Liebe weg, und der Glaube, wo ist er und wo bist du? Warum gibst du, Gott, mir überhaupt einen freien Willen, wenn meine Pläne doch sowieso gegen die Wand geworfen werden? Mach doch alles allein, aber ohne mich. Brauchen, mich? Nein, du brauchst mich nicht.

Aber vielleicht brauche ich dich. Und die Frage, was bleibt, wenn alles geht, heißt eigentlich: Wer bleibt, wenn alles geht? Wer bleibt bestehen? Ich glaube, dass du es bist. Du setzt mir einfach so die Krone auf. Auch in Zeiten von Krisen, Katastrophen und Krankheiten. Wenn ich keine Hoffnung mehr habe, lässt du mich zurückblicken. Aufblicken. Aufschauen.

Woher wird meine Hilfe kommen?

Karfreitag. Die Hoffnung begraben. Alles leere Luft, volles Grab, leere Herzen, volle Taschentücher.

Karsamstag. Tot. Alles vorbei. Wie kann es ein Morgen geben, wenn die Hoffnung gestern gestorben ist? Die Sonne gegangen, die Pläne begraben, der Vorhang zerrissen, aber was heißt das? Alles vorbei, alles aus?

Ostern. Leeres Grab. Angst. Raub. Wo ist die Bedeutung von so viel Unverständnis? Nicht mal eine Erinnerung an die Hoffnung ist jetzt noch da.

Der Weg nach Emmaus. Hängende Köpfe. Leere Herzen. Lautes Schweigen.

Eine Erscheinung. Ein ungebildeter Mensch. Keine Ahnung von dem, was passiert ist. Wo kommt er her? Von hinter dem Mond?

In welcher Welt lebt er, dass er noch Hoffnung hat? Und warum läuft er neben uns her?

Zu spät. Zu spät fiel es mir wie Schuppen von den Augen. Kann das sein? Hoffnungsschimmer, Licht? War es doch so, wie er es versprochen hat? Habe ich zu wenig geglaubt, zu wenig vertraut? Er mitten unter uns und ich habe es erst zu spät, rückblickend verstanden. Dabei hat er es doch vorausgesagt.

Wenn du dich jetzt wunderst, wie die Jünger das nicht merken konnten, dann schau auf dich. Auf mich. Ich bin keinen Funken besser, eher noch schlimmer, noch schwerer von Begriff. Manchmal habe ich das Gefühl, mein Glaube ist kleiner noch als das berühmte Senfkorn. Ich könnte, selbst wenn ich es wollen würde, niemals zum Berg sagen, er soll ins Wasser gehen, denn immer, immer wieder würde mein menschlicher Verstand mir im Wege stehen. Ich würde alles erklären wollen. Es allein versuchen. Glauben, dass mein Verstand alles erklären können und ich alles verstehen muss.

Wie oft habe ich den Vers gelesen: „Was kann ein Mensch mir anhaben?", und immer nur gedacht, cool, stimmt, Gott ist ja da? Ja, das ist er. Aber trotzdem kann ein Mensch mir viel anhaben. Viel antun. Enttäuschen, belügen, betrügen, Vertrauen brechen, Herzen brechen, Leben zerstören, Tränen verursachen, einem alles nehmen, was man glaubte zu brauchen.

Und ich kann nicht mehr. Die Welt dreht durch. Mein Leben, meine Pläne, ein Scherbenhaufen. „Liebe so, als wärst du niemals verletzt worden", sagt man. Witzig. Wie soll das gehen? Und warum ist eigentlich scheinbar alles schlecht? Was soll das? Wofür kämpfen, wenn alles vergänglich ist? Die Hoffnung, so unsichtbar wie die Luft zum Atmen. Und ich bin immer noch keinen Deut besser als die Männer auf dem Weg nach Emmaus.

Aber soll ich dir mal was sagen? Gott hat das Meer geteilt, sodass die Israeliten trockenen Fußes hindurchgehen konnten. Manchmal frage ich mich, wie trocken die Füße tatsächlich waren. Staubtrocken? Oder doch matschig vom Grund? Denn ich stelle mir vor, wie Gott die Wellen und das Meer zurückhält und ich Regentropfen abbekomme. Nur Regentropfen. Vielleicht fühlt es sich an wie ein Hagelregen. Aber es sind doch eigentlich nur Tropfen. Vielleicht werde ich nass, vielleicht ist der Regen einfach nur widerlich. Aber schau mal nach links, nach rechts, was da an Wassermassen zurückgehalten werden. Von Gott. Weil er immer da ist.
Das heißt nicht, dass wir uns immer sagen sollten: „Es könnte schlimmer sein." Denn wenn ich das sage, finde ich auch keine Hoffnung. Aber vielleicht ist es das Bewusstmachen, dass Gott da ist. Neben uns her läuft und all die Wassermassen von uns fernhält. Ja, wir können nicht tiefer als in Gottes Hände fallen. Aber wir können fallen. Falsche Entscheidungen, ungünstige Pläne…
Aber ich bin ein Stehaufmännchen. Nicht, weil ich es kann, sondern weil Gott es kann. Er hebt mich auf in den dunkelsten Stunden, vom dreckigsten Boden. Er rückt meine Krone zurecht und stellt mich wieder auf die Beine. Er macht die Herzen neu. In meinen dunkelsten Momenten, in denen ich nichts wusste. Nicht wusste, wie es weitergeht, wo es weitergeht, wo oben, unten, hinten und vorne ist. Nicht wusste, was mit mir los ist, da wurde mir gesagt, dass ich mein Herz zugemacht habe. Das haben Menschen gemerkt. Da war der Tiefpunkt erreicht.

Aber selbst aus dieser Scheiße hat Gott Gold gemacht. Denn irgendwann – auch wenn es ein langer Weg war, auf dem ich immer noch unterwegs bin – irgendwann hat jemand zu mir gesagt, dass sie durch mich wieder Freude in ihr Leben gelassen hat. Ich habe keine Ahnung, wie ich das gemacht habe, denn das war nicht ich. Das war der, der alle Fäden meines Lebens in der Hand hält. Ich, ein Scherbenhaufen. Eine gebrochene Porzellanschale. Doch er klebt mich zusammen. Ja, da sind Sprünge in der Schüssel. Ich habe einen Sprung, sogar ziemlich viele Sprünge in der Schüssel. Aber sie werden mit Gold gefüllt. Wie, wenn Sonne durch den dichten Wald auf den dunklen Boden scheint. Die Sonne kommt durch. Durch die Sprünge in der Schale kann die Freude zu anderen kommen.

Ich habe keine Kraft und keine Lust mehr zu planen. Aber soll ich dir was sagen? Da, wo unsere Pläne aufhören, fangen Gottes Pläne erst an. Und was für Pläne das sind. Ich habe vor Kurzem gehört, dass das mit Gott wie mit einem Vertrag ist. Unser Vertrag ist schneeweiß und wir sind aufgefordert, jeden Tag aufs Neue unsere Unterschrift auf ein blankes Blatt Papier zu setzen. Den Rest macht Gott: „Do your best, God will do the rest!“ Aber das macht mir Angst. Was hat Gott vor? Was macht er aus dem weißen Blatt Papier? Wie geht das mit dem Vertrauen? Einen Vertrag unterschreiben, ohne ihn gelesen zu haben, spricht gegen die Logik. Aber die Logik ist von uns gemacht. Gott ergibt keinen Sinn. „Wenn es Sinn ergibt, ist es nicht Gott“, heißt es.
Ich will, dass die Achterbahnfahrt irgendwann zur Himmelfahrt wird. Steil nach oben. Mir wurde gesagt, dass ich erst tief nach unten fallen muss, um hochzusteigen.

Erst das Tal bestreiten, um am Gipfel die Aussicht zu genießen. Ich stehe unten am Berg und sehe, wie die anderen oben auf dem Berg die letzten Sonnenstrahlen einfangen und im goldenen Licht baden. Dabei frage ich mich, wann sich die Wolken über meiner Krone verziehen und das Sonnenlicht das Gold wieder glänzen lässt. Was für ein Quatsch. Bestätigt durch meine sinnlosen Gedanken und die unzähligen, unaufhaltbaren Selbstzweifel.

Gott kennt mich und er liebt mich. Gott kennt mich und liebt mich trotzdem. Und wenn Gott mich kennt, wie kann die Last, die ich tragen muss, dann zu schwer sein? Das geht nicht.

Gott macht keine Fehler. Er muss das nicht mal berechnen, nicht nachzählen. Er weiß es einfach.

Er kennt dich, liebt dich und hält dich. Er macht dir die Tür auf, ruft voller Freude „Herzlich willkommen" und plötzlich bist du weder aus- noch eingesperrt. Der Weg ist nicht mehr versperrt. Ich habe zwar keine Ahnung, wie er aussieht, der Weg, aber ich werde schon dort ankommen, wo ich hingehöre. Irgendwann. Irgendwo. Obwohl ich hin- und hergerissen bin zwischen Zweifeln und Glauben, Leben lieben und Leben lassen, hassen lassen und Hass leben, zwischen Trauern und Trösten, weinen und lachen, Vertrauen und Misstrauen, weiß ich doch irgendwie ganz genau im Herzen drin, dass ich nicht allein bin.

Geliebt und erwählt. Wir sind Königskinder. Wir alle haben die Krone auf. Corona? Krone? Was soll das? Ich weiß es nicht. Ich verstehe es nicht. Ich verstehe alles nicht. Ich verstehe nicht alles. Und muss es nicht.

Doch eins, das vergiss niemals: Du bist geliebt.

Ein Weinglas wirft Schatten

Ich ließ los.
Hatte beide Hände frei.
Das Herz war bereit.
Die Seele zufrieden.
Der Kopf voller Pläne.
Das Ich voller Tatendrang.
Die Unbeschwertheit im Zentrum.
Die Füße tanzten für mich.
Ganz allein.
Sie schubste mich in deine Arme.
Und ich war verloren.
In dir.
Sie versuchte dich in meinen Kopf zu bekommen.
Heute bekommt sie dich da nicht mehr raus.

Dazwischen liegt unsere Geschichte.
Das kurze Wir.
Das Uns, das meine Ewigkeit gewesen schien.
Nicht gesucht und doch gefunden.
Heute suche ich dich und finde nicht.
Den Grund.
Nie hätte ich für möglich gehalten,
für wie unmöglich mich Leute halten.
Sie verstehen nicht.
Sie verstehen mich nicht.

Das volle Weinglas wirft Schatten
auf das leere Blatt Papier hier bei mir.
Dabei sollte es ein Brief werden.
Für dich. Von mir. Über uns.
Und das, was da mal war.

Die Geschichte ist geschrieben,
aber der Punkt ist noch nicht gesetzt.
Denn sehe ich dich, höre ich auf loszulassen
und halte wieder fest, was ich nicht sehe.
Bis ich in einer Stunde wieder gehe.
Durch die gleiche Tür, durch die ich Monate zuvor doch
das letzte Mal gehen wollte.

Halte mich oder lass mich ziehen.
Probiere es noch einmal oder nie wieder.
Sag: „Weil ich dich liebe“ oder „Obwohl ich dich liebe“.
Nenn mir den Grund oder sag, dass es keinen gibt.
Du sagst, es geht nicht für immer so weiter.
Aber es wird immer so bleiben.

Nicht, weil ich dich nicht mehr liebe, sondern weil ich
dich noch immer liebe, halte ich das nicht mehr aus.
Aber ich frage nicht nach ganz oder gar nicht.
So sehr rede ich mir ein, dass ich das „Gar nicht“, das
„Ohne dich“ und das „Kein du“ nicht ertrage.
Aber ich will nicht nur einen Bruchteil der Puzzleteile.
Ich will dich, wie du bist.
Und wenn das nicht geht, dann gehe ich.
Und damit die Chance auf ein „Wir“.

Der Tag, an dem ich dich losließ,
war der Tag, an dem ich zu finden begann.
Auch das leere Weinglas wirft Schatten.
Auf ein volles Blatt Papier.

Ein Brief.
Für dich. Von mir. Über uns.
Und das, was da noch ist.

Für immer und jetzt

Ich wache auf.
Habe viel zu kurz und viel zu schlecht geschlafen.
Ich denke zu viel nach und damit alles kaputt.
Wo bist du?
Du bist nicht mehr da, wo du warst,
das ist mein alltäglicher Albtraum.
Wie wird die Zukunft aussehen?
Dreht sich die Welt auch dann noch weiter?
Um sich, um dich, um mich oder um uns?

Ich habe keine Zeit, Zeit zu verschwenden.
Die Zeit ist knapp,
die Tage fühlen sich seit Tag eins gezählt an.
Die Zeit kann doch nicht so gleichmäßig vergehen.
Zu viel Zeit vertrödelt.
Zu viel Respekt vor der Angst gehabt.
Für immer und ewig hört sich so lange an.
So unbegrenzt, so unendlich.

Wo bleibt das Jetzt
bei dem größenwahnsinnigen Blick in die Ferne?
Und wo bleibst du?
Kommst du mit?
Beeile dich, mach doch was.
Nicht eine Sekunde kann ich mir leisten.
Wie lange noch dauert es, bis das Glück zerbricht?

Ich halte die Spannung nicht mehr aus und lasse los.
Das Herz zerbricht. Nein, das will ich nicht.
Ich schließe die Augen und male alle Möglichkeiten aus.
Am besten gefällt mir diese:

An dem Ort, wo alles begann, erreicht mich jetzt die
Nachricht, dass du wieder da bist. Du kommst nach
Hause und bist schon auf dem Weg. Dem Weg zu mir.
Und ich gehe ab jetzt einen Schritt schneller. Zu dir.
In deine Richtung. Ich gehe dir entgegen, denn du bist
mein Glück und ich lasse es endlich passieren.

Ja, so soll es sein, das Happy End.
Und wenn das für immer mein Traum bleibt,
dann soll es so sein.
Denn dann ist das meine Motivation,
der Grund, warum es sich zu kämpfen lohnt.
Und ja, vielleicht bist du der Grund.
Die Frage und die Antwort.
Wegen dir wird jedes Gedicht
irgendwie zu einem Liebesbrief.
Doch wie,
wie nur soll ich das Jetzt genießen bei all den Ängsten?

Und trotzdem
dreht sich irgendwie alles immer nur um dich.
Für immer und jetzt dreht sich meine Welt um dich.
Jetzt für den Moment bist du das Größte.
Der Anker, der die Zeit anhält,
die vergeht, wie Sand durch die Hände rieselt.
Dein Atem und dein Herzschlag
sind meine Lieblingsschlaftabletten,
dein Bauch und deine Brust meine Lieblingskissen.

Jetzt.
Jetzt ist der Moment, der zählt.
Jetzt ist der Moment, der bleiben soll.
Jetzt.

Für immer soll das Jetzt bleiben.
Für immer und jetzt.
Für immer und jetzt werde ich träumen.
Träumen von dem ewigen Glück.

Und irgendwann wird dich an dem Ort, wo alles begann, hoffentlich meine Nachricht erreichen, dass ich wieder da bin. Ich komme nach Hause und bin schon auf dem Weg. Dem Weg zu dir. Und dann werde ich noch schneller gehen. Zu dir. In deine Richtung. Und hoffentlich kommst du mir dann entgegen. Denn du bist mein Glück und ich lasse es endlich passieren.

Aber jetzt denke ich nicht an irgendwann.
Denn jetzt ist jetzt.
Und für immer und jetzt habe ich dich.
Lass das für immer und Jetzt unser Ewig sein.
Vielleicht reicht das Heute.
Und vielleicht reicht uns das Vielleicht.

Nichts ist gewiss,
aber auch gar nicht so ungewiss, wie es scheint.
Alles gut.
Alles ist gut.
Alles wird gut werden.
Für immer und jetzt ist es gut.
Perfekt, wie du so selten, aber aus vollem Herzen, sagst.
Für immer und jetzt.

Wir sein

Wo haben wir angefangen aufzuhören?
Wer hat aufgehört anzufangen?
Wie haben wir angefangen loszulassen?
Was haben wir losgelassen, ohne es festzuhalten?
Warum haben wir das Festhalten losgelassen?
Nicht aufgehalten. Nicht aufgehört.
Wieso, weshalb, warum haben wir nicht weitergemacht?
Mit dem Wir sein?
Mit dem Jetzt und Hier sein?
Wann haben wir angefangen
zu weit in die Zukunft zu schauen?
Das Zuweit hat uns zu weit zurückgeworfen.

Und trotzdem hört keiner auf mit dem Aufhören.
Und keiner fängt an mit dem Anfang.
Mit dem zweiten ersten Schritt.
Zwischen dem Ignorieren und dem Reden liegen Wellen.
Und zu viele unausgesprochene Wörter.
Zwischen den Zeilen steht das Wir geschrieben.
Aber keiner will es lesen.
Wir überspringen Zeilen.
Wir ignorieren uns. Verpassen uns.
Und wenn ich von dir träume,
bist du es, der an mich denkt?
Und wenn es mir gut geht,
bist du es, der meine Bilder stalkt?

Überquere ich das Meer,
bin dir zu dicht und du siehst mich nicht.
Nicht halb.
Nicht ganz.

Nicht richtig.
Nicht falsch.
Kein Ja.
Kein Nein.
Ein Vielleicht.
Und ich dachte, das reicht mir vielleicht.
Aber dem ist nicht so.
In einer Welt voller Vielleichts
ertrage ich nicht noch mehr.
Ich schaue nicht vor.
Nicht zurück.
Ich blicke auf den Boden.

Und gleichzeitig nach oben.
Sind die Flugzeuge auch Sternschnuppen?
Kann ich mir was wünschen?
Besser nicht.
Denn ich ertrage meine eigenen Gedanken nicht.
Zwischen „hätte, hätte" bist du meine Fahrradkette.
Das Fragezeichen im „Was wäre, wenn?".
Und das Komma vor dem Aber.
Bin ich zu dicht, stößt du mich weg.
Bin ich weg, rufst du mir hinterher.
Ich kann das nicht mehr.
Deine Entscheidung.
Mein Problem.
Also lass uns so bleiben.
Oder wieder werden,
was wir niemals waren.
Alles besser machen,
ohne das Schlechte zu wiederholen.
Das Wir gut sein lassen.
Gut werden lassen.

Aber da ist kein Wir.
Ich und Du ergibt nicht gleich Wir.
Das haben wir noch nie ergeben.
Und ich weiß, das ist 'ne Lüge.

Denn wir haben uns nie gesucht
und trotzdem gefunden.
Öfter geschwiegen,
als geredet.
Uns besser verstanden,
als Worte es ausdrücken konnten.

Wir waren das Pärchen am Strand, die nackten Füße im
Sand, der Hobbykapitän auf dem Boot und das Boot auf
den Wellen. Wir waren der Halt hinter dem Ruhm und
dem Glanz. Wir waren der Kuss auf die Schläfe. Das
Versprechen auf der Stirn. Die Hand zum Festhalten
und die Schulter zum Weinen. Wir wussten mehr über
das Wir, als andere jemals zu Gesicht bekommen haben.
Du warst mein Hier und Jetzt. Mein Echt im Schein.
Mein Anker verankert im Herz.
Denn den mochten wir beide.
Du warst mein Grund zum niemals hierbleiben,
mein Alibi zum Unterwegssein.
Das Für immer und Jetzt sollte unser Ewig sein
und war schneller vorbei, als ich es ertragen habe.

Lass mich uns so in Erinnerung halten.
Lass uns so bleiben.
Oder wieder werden, wer wir eigentlich sein wollten.
Wir.
Aber das geht nicht allein.

Und während ich mich für diese Zeilen hasse,
weiß ich, dass du noch weiter wegrennst.
Und ich glaube, wenn du dich umschaust,
bin ich diejenige, die rennt.
Am liebsten auf dich zu.
Aber meistens von dir weg.
Denn die Angst vor der Wiederholung ist unerträglich.
Die Angst frisst den Mut fast auf.

Wir haben angefangen aufzuhören.
Aufgehört anzufangen.
Wir haben angefangen loszulassen.
Wir haben losgelassen, ohne festzuhalten.
Wir haben das Festhalten losgelassen.
Und uns dabei verloren.
Für immer, vielleicht.

Wir haben angefangen aufzuhören Wir zu sein.

Immer

Immer, wenn ich dich sehe, sehe ich alles, was wir hätten
werden können, direkt vor meinen Augen und bin froh,
dass wir es nie geworden sind.

Alltagswahnsinn trifft auf Gedankenchaos, jeden Tag.
Nine to Five Tage wären schön. Doch die Tage werden
länger, die Nächte kürzer.
Und dann wird man bewundert.
Für Stress, den man hat, weil man nicht nein sagen kann
und dafür, dass man diesen Stress selbst managt. Man
wird bewundert für ein spannendes Leben, in dem sich
jeder Tag anfühlt wie der Lebensraum eines Goldfisches.
Ich schwimme im Kreis und vergesse, wo ich eigentlich
hinmöchte.
Und da sind Menschen, die sehen etwas, das ich nicht
sehe. Sie sehen etwas für mein Leben, was ich nicht be-
merken kann, weil ich nicht hinsehe.
Ich bin damit beschäftigt, nicht zu stolpern. Schaue nur
nach unten. Nie nach vorne. Oder gar nach oben.
Man wird bewundert. Für Willensstärke, Ehrgeiz.
Ich werde bewundert, für Wunder, die ich nicht sehe,
weil ich viel zu verwundert jede kleinste Kleinigkeit hin-
terfrage.

Ich wollte es so.
Ich habe mich aus deinen warmen Armen gerissen und
das ist häufig die Sache, die ich am meisten vermisse.
Du warst da. Vermutlich am richtigen Ort, nur zur fal-
schen Zeit. Die habe ich nämlich nicht. Doch, für dich.
Aber das reichte dir nicht.
Ich weiß, wie du dich fühlst.

Ich war auch mal dort.

Bis heute frage ich mich, wann Zeit und Ort mal passen.

Und ich glaube, dafür muss ich vertraute Orte verlassen.

Ich weiß, wo ich hinmöchte, nur macht das keinen Sinn.

Ich bin so rastlos und habe Heimweh.

Ich will weg

und doch nur an einem einzigen Ort bleiben.

Ich will da sein, wo du bist.

Aber die Zeit war nicht richtig.

Wir leben dazwischen.

Ich wartete.

Dann ging ich weiter.

Du gingst mir entgegen.

Ich lief davon, jemand anderem in die Arme, die mich
nicht auffingen.

Dann lief ich dir wieder hinterher.

Und du reistest um die Welt.

Fragtest, ob ich mit will.

Doch die Zeit war nicht richtig.

Ich warte.

Auf deine Rückkehr.

Hoffe so sehr auf uns beide.

Und ahne schon jetzt, dass es kein Wir mehr gibt.

Nur kurz blicke ich zurück.

Ich gehe einen Schritt nach vorne und hundert zurück.

Der Pulli liegt wieder im Bett.

Die Kerze schmückt wieder das Regal.

Deine Nachrichten sind meine Abendlektüre.

Nur das Polaroid, das hat es noch nicht an die Wand
geschafft.

Wobei ich es gerne rahmen würde, am besten in den
buntesten Farben.

Immer, wenn ich dich sehe, sehe ich alles, was wir hätten
werden können, direkt vor meinen Augen.
Und manchmal wünschte ich, wir hätten es probiert.
Gefangen in der Zwischenzeit.
Alles, was ich jemals wirklich wollte, neben all den tau-
send Dingen, die ich besitze, warst du.
Nur, dass ich dich nicht haben kann.
Weil Menschen kein Besitz sind.
Aber du bist nicht mal greifbar.
Immer noch auf Reisen.
Ich glaube sogar auf der spannendsten:
die Reise zu dir selbst.
Dabei hast du schon Erkenntnisse erlangt.
Kamst zurück zu mir.
Um dann wieder zu gehen.
Ich halte dich nicht.
Nur die Zeit, die versuche ich bei Gelegenheit, gelegent-
lich immer öfter, anzuhalten.

Wo bist du jetzt?
Die nächste Karte kommt bestimmt und wird meine
Wand schmücken. Eine von vier, die mich zunehmend
einengt.
Ich wäre gerne mitgekommen.
Mit dir um die Welt.
Könnte dabei aber auch einfach nur neben dir bleiben.
An einem einzigen Ort, denn du hast mir die Welt be-
deutet.
Aber ich bin hier.
Zurückgeblieben.
Allein gelassen in der Zwischenzeit.
Auf dessen Ende wir uns gegenseitig vertröstet haben.

Ich habe Seven to Eleven Tage.
Und habe deine Worte im Ohr: „Pass auf dich auf, schone deine Ressourcen, lerne das Neinsagen."
Ich bin dabei zu vergessen.
Meinen Namen, mein Ich, meine Freunde.
Meine Identität ist ein Kalender.
Aufgeteilt in Jahre, Monate, Tage.
Stunden gefüllt mit Terminen und nichts dabei gesehen.
Ich will hier weg. Ich glaube, ich komme doch mit.
Jeder dreht sich um sich selbst. Keiner hört mehr zu. Am wenigsten ich selbst.

Es macht keinen Unterschied, wo ich bin.
Ich bin rastlos.
In keiner Stadt daheim.
Daheim will ich nur weg.
Ich bin noch lange nicht angekommen.
Ich würde es gerne mit dir.
Zusammen. An einem Ort.
Zur gleichen Zeit.
Noch ein einziges Mal möchte ich es versuchen.
Denn, wenn ich dich sehe, sehe ich alles, was wir hätten werden können, direkt vor meinen Augen.
Und ich muss weinen.
Weil wir es niemals geworden sind.

Bleiben

Warte auf mich.
Bald bin ich da.
Ich denke zu viel.
Ich liebe zu schnell.

Wenn ich denke, dann versuche ich an alles zu denken.
Aber manchmal übersehe ich mein Herz dabei.
Wenn ich liebe, dann Hals über Kopf.
Ich liebe nicht zu schnell, aber zu schnell zu viel.
Denn ich brauche Zeit, bis ich mein Herz verliere.
Aber wenn, dann verliere ich das ganze Herz.

Und das ist ein Problem, sagst du?
Es wäre kein Problem, wenn mein Herz dabei heile bleiben würde.
Aber hast du schon mal etwas verliehen?
Es kommt nie wieder so zurück, wie du es losgelassen hast, wie du es in andere Hände gegeben hast.

Ich hätte gerne das Glück genossen.
Aber ich dachte zu früh an später.
Ich dachte an das Unmögliche, ohne erstmal das Mögliche möglich zu machen.
Zwischen dem Gehen und dem Bleiben bin ich rastlos.
Ich will mich nicht entscheiden.
Dabei weiß ich, was ich will.
Das erste Mal in meinem Leben.
Und ich ignoriere es.
Denn zwischen dem Gehen und dem Bleiben weiche ich aus.

Zwischen dem Gehen und dem Bleiben liegt dein „Es
wird immer so bleiben" und mein „Es wird immer so
weiter gehen".
Nur, dass es so nicht bleiben
und so nicht weitergehen kann.
Entweder gehen oder bleiben.
Oder eben keins von beiden.
Vielleicht wird es ein Wiederkommen.
Ein Wiedersehen.
Vielleicht bleibt es ein Vielleicht.

Ich dachte zu viel.
Ich liebte zu schnell.
Aber ich würde es jederzeit wieder tun.
Denn es wird immer so bleiben:
Ich denke zu viel.
Ich liebe zu schnell.
Ich denke, ich liebe zu schnell.
Dabei denke ich zu viel, um schnell zu lieben.
Ich würde gerne weniger denken, um mehr zu lieben.
Denn dann, dann wäre ich geblieben.

Ein kleiner großer Kleinstadtmensch

Gestrandet auf der Insel.
Ich weiß nicht, wie ich herkam.
Allein im Schatten der Zeit.
Sie rennt davon.
Allein gelassen am Rande der Welt.
Alle Grenzen überschritten.
Von Zeit zu Zeit dorthin geschliffen.
Aufstehen, weitergehen oder liegen bleiben?
Für nichts ist Zeit.
Verzweiflung macht sich breit.
Wo bin ich und wo muss ich hin?
Und ich ziehe Entscheidungen lang.
Zeit für nichts vergeudet.
Zeit ist ins Land gestrichen für nichts und mich.

Tick Tack.
Die Uhr stockt.
Die Zeit bleibt stehen.
Zu sehr hat sie mich bereits verändert.
Ich habe mich verändert.
Ich bin so klein.
„Ein neues Du", haben sie gesagt.
Alles neu.
Aber bei mir ist eigentlich alles beim Alten.
Ich bin der Alte.
In einer neuen Fassade versteckt.
Siehst du mich?
Mach mal Licht!
Nicht mehr lange und es bricht.
Das Neue ersetzt das Alte nicht.
Und so steckt das neue Du im alten Ich.

Und alles, was du siehst,
ist eine neue Form des alten Ichs.
Die kleine Version davon.

Ich bin klein und weiß nicht weiter.
Vor mir große Fußspuren. Zu groß.
Die Fußspuren meines Vorgängers sind so groß,
ich kann ihnen nicht folgen.
Ich kann nicht in die Fußstapfen des anderen treten.
Denn die Zeit hat mich verändert.
Zu lange bin ich geflüchtet.
Zeit vergeudet.
Ich bin kleiner geworden.

Aber die Größe ist noch in mir drin.
Das alte Ich im neuen Du.
Planlos irre ich umher.
Kein Schimmer von nichts.
Ich will zurück.
Zu meiner alten Größe.
All diese Erinnerungen halten mich fest.
Und dabei habe ich Heimweh.
Sehnsucht.
Es tut weh.
Dieses Fernweh.
Gestern, heute und morgen.
Wo bist Du und wo bin Ich?
Wo sind Wir?

Planlos lasse ich alle Leinen los
und gehe einfach drauflos.
Denn ich bin vielleicht ein kleiner Mensch
in einer großen Stadt.

Und wäre gerne ein großer Mensch
in einer kleinen Stadt.
Kleinstadtmensch.
Aber ich werde trotzdem weitergehen.
Vielleicht begegne ich dem Riesen.
Dem mit den großen Füßen.
Vielleicht wachse ich mit meiner Aufgabe.

Ich bin klein,
aber das hat nichts mit meiner Größe zu tun.
Denn wahre Größe zeigt sich anders.
Und auch wenn ich dem vorausgehenden Riesen gerne
folgen können würde, ist es nicht schlimm, dass ich es
nicht kann.
Denn ich gehe meinen eigenen Weg. Mit kleinen, aber
bedeutenden, eigenen Schritten.
Ich komme auch ans Ziel.
An mein Ziel.
Denn schon Jean Paul sagte: „Gehe nicht, wohin der
Weg führen mag, sondern dorthin, wo kein Weg ist, und
hinterlasse eine Spur."

Und auf dem Weg werde ich großen Kleinstadtmen-
schen, kleinen Großstadtmenschen, kleinen Kleinstadt-
menschen und großen Großstadtmenschen begegnen.
Wir alle sind auf einem Weg. Jeder in seinem Tempo. Mit
großen und kleinen Fußspuren, die wir hinterlassen.
Und manchmal, ja, da hinterlässt man Spuren im Herzen
des anderen.
Große und kleine.
Fußspuren überall. Ein großes Durcheinander.
Geordnetes Durcheinander.

Die Zeit steht immer noch still.
Denn hier kann ich durchatmen.
Das Meerweh brachte mich her.
Und ich habe keine Angst mehr
vor den vor mir liegenden Fußspuren.
Ich bin immer noch ahnungslos,
aber ich gehe trotzdem los.
Denn ich bin ein Kleinstadtmensch.
Vor dir steht eine neue Form des alten Ichs.
Ein Kleinstadtmensch mit Größe und Mut in sich drin.
Bloß ein Mensch. Ein kleiner, mit großen Zielen.
Denn es heißt doch so schön:
„Du bist nie zu klein, um groß zu träumen.“
Ein kleiner großer Kleinstadtmensch,
gestrandet auf der Insel.

Der Anfang vom Ende

Ich bin am Ende.
Mit meinen Gedanken. Ideen. Ratschlägen.
Träumen. Zielen.
Ich bin am Ende.
Mit meinem Kampfgeist,
mit der Hoffnung und dem Mut.
Ich bin am Ende.
Und ich kann es nicht mehr hören.

„Du musst das machen, was gut für dich ist. Was eben
das Richtige für dich ist."
Was ist das Richtige für mich?
Es gibt kein richtig oder falsch mehr.
Denn mir ist immer alles egal.
Mir ist es egal. Alles.
Ist es eben nicht.
Und da fängt es an, kompliziert zu werden!

„Mache das, was das Richtige für dich ist."
Für mich ist nichts richtig,
nichts wichtig und nichts gut genug.
Ich bin launisch, undankbar und am Ende.
Und ich sehe hier auch keinen Neuanfang.
Keinen neuen Anfang, der besser wäre als das alte Ende.
Denn ich bin am Ende.
Mit dem Glauben an das Glück,
die Liebe und das Erfüllt sein.

„Mache das, was du willst, wovon du träumst."
Mein Wille und meine Träume sind verschieden.
Ich träume von einem ungebundenen Willen.

Ich würde so gerne das machen, was ich will.
Aber dann wäre alles anders.
Alles komplizierter.
Alles anders kompliziert.

Ich kann eure Stimmen nicht mehr hören.
Ihr nervt mich.
Und seid zu laut für meine leisen Gedanken.
Und zu leise für mein lautes Herz.
Das schreit und schreit und schreit.
Ich habe Angst. So große Angst.

Und zu allem Überfluss kam der Tag.
Der Tag, an dem ich ging.
Der Tag, an dem du mich gehenlassen hast.
Durch diese grausame Tür.
Und ich blickte zurück.
Hab alles an mir vorbeiziehen lassen.
Alles.

Ich blickte zurück, da in diesem Türrahmen.
Und ich erblickte dich und damit alles,
was ich einmal zu brauchen glaubte.
Und erst an dem Tag, an dem ich ging, eben an diesem
Tag, hast du das erste Mal in meinen Armen gelegen und
geweint. Worüber, das weiß ich nicht. Noch nicht. Viel-
leicht werde ich es nie wissen. Für immer. Vielleicht.

Du hast mich in die Ecke gestellt,
abgeschoben, aufgehoben, bis jetzt nicht abgeholt.
Der Tag, an dem ich ging, war der Tag, an dem ich ka-
pierte, wie dicht Ende und Anfang beieinander liegen.
Aber ich will das gar nicht wissen.

Ich wusste bis dato nicht, wie schrecklich es sein kann, aufzuwachen und zu denken, man habe bloß geträumt, sich aber alles als bittere Realität entlarvt. Die ungeschminkte, hässliche Wahrheit.

Ich kann keine Musik mehr hören, keine Serien mehr schauen, keine Fotos mehr bewundern und mein Handy nicht mehr anfassen. Die Karten nicht mehr lesen, die Kette nicht mehr tragen.
An dem Tag, an dem ich ging, habe ich das Funkeln in meinen Augen verloren, den Willen zu Lachen liegen gelassen.
Das ist jetzt schon das zweite Mal innerhalb kürzester Zeit, dass ich meine Träume und Pläne über den Haufen schmeißen muss. Jetzt habe ich keinen Plan, kein Ziel und keinen Traum mehr. Will ich nicht mehr haben.
Ich will nicht mehr träumen, planen, denken, fühlen.

Unentschlossen, ich?
Das ergibt alles keinen Sinn,
aber das ist ja was ganz anderes.

Ich bin am Ende.
Mit dir, mit mir, mit uns.
Du warst alles, was ich haben wollte.
Alles, was ich hatte
und alles, was ich verloren habe.
Sinnlos. Sinnlose Leere. Schwere.
War auch das ein Irrweg,
der als Umweg zum Heimweg wird?
Sag, wird irgendwann alles gut?
Und wenn ja, mit oder ohne dich?

Weißt du noch, als ich mit dem Buch in der Hand ein-
fach eingeschlafen bin? Du hast mich liebevoll geweckt
und mich an die Aufgaben des Alltags erinnert. Dabei
hast du auf das Buch in meiner Hand geschielt. „Save
Us". Du hast den Buchrücken und die Autorenvita ge-
lesen. Das alles hast du schrecklich langweilig gefunden.
Aber was ist, wenn ich genau das von dir langweilig be-
titelte Leben toll finde, es leben will? Save us. Rette uns.
Niemand kann das. Nicht mehr. Vielleicht nie mehr.

Auf dem Weg zurück zur Hoffnung kann der Irrweg als
Umweg zum Heimweg werden. I'm on my way. Ich bin
auf dem Weg. Meinem Weg. Aber ich weiß noch nicht,
ob es der Irrweg, der Umweg oder bereits der Heimweg
ist. Vielleicht eher ein Labyrinth.

Und nein, ich will kein langweiliges Leben.
Ich will das Leben.
Und einen spannenden Text
auf dem Buchrücken meines Buches.
Aber weißt du was?
Andere werden ihn lesen und gähnen,
ja vielleicht sogar einschlafen.
Aber für mich soll es der schönste Buchrücken sein.

Mein Leben.
Das ich lebe und nehme, wie es kommt.
Ich bin am Ende.
Und doch bin ich erst am Anfang.

ÜBER DAS HEUTE

Auf dem Weg

Liebes Meer

Zwei, die sich lieben,
hören nicht auf zu lieben,
wenn einer nicht mehr liebt.
Sie lieben für den, der nicht lieben kann.
Zwei, die sich lieben,
hören nicht auf zu lieben,
wenn beide noch lieben.
Sie lieben ihr eigenes „für immer".
Zwei, die sich lieben,
hörten auf zu lieben.
Nicht, weil sie sich nicht mehr liebten.
Nicht, weil einer nicht mehr liebte.
Auch nicht, weil keiner mehr liebte.
Zwei, die sich lieben,
hörten auf zu lieben,
weil sie sich beide liebten.
Und womöglich immer noch lieben.
Ich rede von dir, mein über alles geliebtes Meer.

Ein Blick-
Für viele ein Ausblick.
Auch mal ein Aufblick.
Für mich ein Tick. Tack.
Die Zeit bleibt stehen.
Ein Blick-
Mein Heimatausblick.
Mein Herzenstick.

Liebes Meer,
du gabst mir mehr, als ich brauchte.
Und alles, was ich suchte.

Bei dir lernte ich, was Atmen ist.
Nicht das, was man automatisch macht.
Nicht das Ein- und Ausatmen.
Nein, das andere Atmen.
Das Aufatmen.

Liebes Meer,
bei dir war ich zu Gast wie ein Bewohner.
Und bewohnte deine Heimat doch bloß wie ein Gast.
Manchmal, ich glaube, da habe ich dich gehasst.
Denn wie jede Welle den Sand,
klautest du mir meinen Strand.
Alles, was ich hatte.
Und trotzdem liebte ich dich.
Auch, wenn ich dich hasste.
Du hast gegeben und genommen.
Und trotzdem war es ruhig inmitten der Wogen.
Und ich wiegte mich in Sicherheit.
In größter Dunkelheit.
Denn ich hatte dich.

Liebes Meer,
ich hörte nie auf, dich zu lieben.
Und trotzdem bin ich gegangen.
Um zu suchen, was ich nur bei dir finden kann.

Liebes Meer,
bei dir lernte ich das Lieben,
das Leben, das Lachen und das Teilen.
Das Atmen und das An-mir-Feilen.
Und stellte fest, bei dir kann ich sein,
wer ich wirklich bin.
Denn du hast es mir klargemacht.

Die schönste Schminke? Das ungeschminkte Lachen.
Das beste Peeling? Salz auf der Haut.
Der angenehmste Geruch?
Dein Duft, der mir ist so vertraut.
Die schönste Frisur? Windzerzauste Haare.
Der bequemste Schuh? Barfuß am Strand.
Das schönste Licht? Sonnenlicht.

Liebes Meer, ich habe dich nie gehasst.
Ich hasste, dass ich nicht rastete.
Ich hasste, dass ich ging, obwohl ich es wollte.
Ich hasste, dass ich nichts so liebte wie dich.
Ich ging nicht, weil ich dich nicht liebte.
Ich ging nicht, obwohl ich dich liebte.
Ich ging, weil ich dich liebte.
Und immer noch liebe.
Ich ging, um zu wissen, was ich hatte.
Ich ging, um zu merken, was mir fehlt.

Ich komme wieder.
Um zu rasten, um zu weilen, um zu lieben.
Ich liebte nichts so sehr wie dich.
Und stellte fest, in einer großen Welt ohne dich:
Ich liebe noch immer nichts so wie dich.
Denn die größte Welt ist mir zu klein ohne dich.
Dabei brauche ich nur eine kleine Welt.
Die Insel und das Meer.
Und hab das größte Glück.

Denn liebes Meer, es ist wie es ist:
Zwei die sich lieben, hören nicht auf zu lieben.
Sie lieben ihr „für immer".
Und für immer lieb ich dich.

Mädchentraube

Heute Morgen bin ich aufgewacht.
Und habe als allererstes an dich gedacht.
Das ist gelogen, ich habe an uns gedacht.
Und mich ein bisschen ausgelacht.
Warum habe ich dich nach diesem Treffen gefragt?
Ich frage mich: War es zu gewagt?
Dabei freue ich mich.
Auf deine warmen Arme,
die meinem Herzen so lange ein Zuhause gaben.

Und so gehen wir los.
Verspätet, aber rechtzeitig.
Die kleinen Regentropfen prallen an meiner Nase ab.
Mir brennt eine Frage unter den Fingern.
Wie geht es dir?
Stundenlang laufen wir da entlang.
Bis wir wieder vor meiner Tür stehen.
Ich würde dich gerne hereinbitten und fragen,
ob du noch mit nach oben willst.
Aber besser ich sage dir jetzt tschüss.
Du sagst, ich soll mich melden, wenn ich länger bleibe.
Aber du nennst mir keinen Grund.
Du sagst „Schade!" und gehst.

Kopflos laufe ich umher.
Das Telefonat von heute früh lässt mich keinen klaren
Gedanken fassen.
Das hätte sie nicht gewollt.
Und dann schreibst du und fragst,
ob du nochmal vorbeikommen sollst.
Nein, aber ja, reicht dir ein Vielleicht?

Vielleicht kannst du vorbeikommen?
Vielleicht auch nicht?

Okay, komm zur Haustür rein,
40 Treppenstufen rauf und setz dich dorthin.
Und bleibe fern.
Unser Wein schmeckt dir nicht.
Ich stehe auf und zeige dir die Wohnung.
Zusammen, aber jeder für sich,
schauen wir aus dem Fenster raus,
durch andere wieder hinein.
Deine Schulter streift meine.
Meine Hand liegt in deiner.
Das wollte doch keiner.
Und so standen wir da.

Am Ende läufst du in die entgegengesetzte Richtung.
Und ich eine Runde um den Block.
Bringe das Glas auf den Scherbenhaufen.
Und hoffe dabei auf das Glück.
Und du blickst nicht ein einziges Mal zurück.

Eben noch streiften deine Worte meine Wange.
Eben noch hieltst du mich in deinen Armen.
Und mein dunkelster Tag dir offenbart.
Sie fehlt mir so sehr.
Es ist meine Schuld.
Tränen tropften auf deine Schulter.
Du hieltst mich fest, bis ich schlief.

Ich wurde wach, als du gingst.
Und ging mit dir mit.
Bis zur Tür.

Dann war wieder jeder für sich.
Und ich einsamer als je zuvor.

Am nächsten Tag bei Dunkelheit im Zug
schrieb ich ihr die erste Nachricht.
Und sendete sie nie ab,
die blauen Häkchen würden sowieso ausbleiben.
Ich erzählte ihr von dir.
Von uns.
Und hatte ihre Stimme im Kopf.
Sie lachte.
Sie schimpfte.
Und reichte mir unseren Wein.

Abends war ich zuhause.
Ohne dich.
Ohne sie.
An dem Abend bin ich eingeschlafen.
Und hab als allerletztes an sie gedacht.

Oberkante-Unterlippe

Mir steht's bis hier.
Hier oben.
Oberkante.
Unterlippe.
Das Wasser bis zum Hals.
Ich muss hier raus.
Keine Pläne.
Nur ein Ziel.
Die Segel sind gesetzt.
Eure leeren Worte, der Wind in meinen Segeln.
Immer schneller weg.
Da ist so viel Wasser zwischen uns.
Da kann niemand mehr eine Brücke bauen.
Denn mein innerer Kompass zeigt Richtung Norden.
Den Heimathafen finde ich auch in größter Dunkelheit.
Denn das Leuchtfeuer zeigt mir immer den Weg.
Den Weg zum Heimathafen.

Nur ein Gast.
Auf der Durchreise ins Irgendwo.
Hier ist es so viel besser als im gewohnten Nirgendwo.
Denn hier bin ich Wo.
Hier bin ich Wer.
Hier bin ich am Meer.
Und ich will nirgendwo anders sein.

Wir haben uns verloren.
Alles, was wir hatten, im Meer versenkt.
Alles, was übrigbleibt, sind die aufgewühlten Wellen.
Und hier, hier ist es okay.
Das Wasser. Das Meer.

Das Leuchtfeuer weist mir den Weg zum Heimathafen.
Die Segel gesetzt. Immer Richtung Norden.
Ich bin doch nur ein Gast.
Auf der Durchreise ins Irgendwo.
Land in Sicht.
Nur zu Besuch.
Aber hier kann ich kurz sein.
Hier am Meer.
Hier verweile ich für einen Augenblick.
Auf der Durchreise
werden unbekannte Orte zur Heimat.

Ich renne durch die Dünen,
durch den nassen Sand.
Bis an die Wasserkante.
Dort lege ich den Kopf in den Nacken.
Und atme ein.
Dann halte ich die Luft an.
Zuhause ist, wo dein Herz ist.
Mein Herz schlägt hier.
Ich liebe das.
Augen zu. Einatmen.
Dieser Geruch ist mir so vertraut.
Ich weiß, wo ich bin, ohne hinzusehen.
Ich atme aus.
Und irgendwann wieder ein.
Ganz viel Salz und Glück.
So viel, dass mir schwindelig wird.

Hier gibt's meine Lieblingsholzwege.
Und die führen immer ins richtige Licht.
Das Sonnenlicht am Horizont am Ende des Meeres.

Wortgewaltig

Ist es nicht erstaunlich,
sprich,
wie wortgewaltig all die anderen erscheinen?
Was habe ich zu sagen, mitzuteilen?
Bin doch nur ein kleines Licht.
Lebe in dem rechteckigen Gerät.
Panzerglasfolie und extra Hülle drumherum.
Und sag,
wer beschützt sein Herz schon wie sein Smartphone?
Ich nicht.

Und dennoch stelle ich fest:
Die Herzen werden weniger.
Meine Favoriten?
Der Lach- und der Heulsmiley.
Direkt nebeneinander.
Und dort ist die versteckte Wahrheit.
Dort verbirgt sich das Lügengerüst,
dessen Bauherrin ich bin.
Zwei gegensätzliche Symbole, eins gemein:
Tränen. Wortgewalt.

Und so blicke ich in die Ferne.
Ich habe Sehnsucht, Fernweh, Meerweh.
Ich habe Heimweh.
Ich will nicht weg.
Ich will reisen, um zu bleiben.
Unterwegs bin ich zuhause.
Bis ich bin, wo ich zu sein vermag.

WORTGEWALTIG

Scheint die Stille zu sein.
Und plötzlich reißt der Himmel auf.
Wie Feuer und Wasser zugleich.
Es scheint wie ein „Ich vermisse Dich"
und ein „Ich bin doch da" zugleich.

Ich bin hier und da.
Zwischen Tür und Angel.
Zwischen zwei Stühlen.
Ich bin fort und nie gegangen.
Ich ging, um irgendwann zu bleiben.

Es ist kein Lügengerüst.
Ich weine und lache.
Ich schreie.
Ich schweige.
Ich rede.
Ich höre zu.
Es ist die Wahrheit.

Mein Herz ist ein kleines Licht.
Es zerbricht bei zu viel Dunkelheit.
Und doch scheint es dann noch heller.

Ist es nicht erstaunlich,
sprich,
wie wortgewaltig
Worte walten?

Muttertag

Ich renne die Straße entlang.
Über weite Felder.
Durch grüne Wälder.
Bergab.
Flusswärts.
Bergauf.
Da am Wegesrand blühen sie.
Die Blumen, die Mama mag.
Ich pflücke so viele, wie meine zwei kleinen Hände greifen können. Ich renne zurück, schleiche mich auf Zehenspitzen durch das Haus, stelle sie in die Vase in mein Zimmer. Niese die ganze Nacht und stehe morgens mit schweißnassen Händen, ganz aufgeregt, neben dem gedeckten Frühstückstisch. Mama kommt und ich sage das auswendiggelernte Gedicht auf: „Liebe Mama, ich freue mich, wenn ich dich sehe, ich finde dich so nett. Ich schenke dir mein H und E, mein R und auch mein Z." Dazu gibt es einen selbstbemalten Blumentopf, eher schlecht als recht. Aber jedes Mal musste Mama weinen. Das wollte Mini-Me nie so ganz verstehen. Dass Mama vor Freude weint.

Mama. Mein Zufluchtsort. Mein Anker auf stürmischer See. Mein Strandkorb bei sonnigem Wetter. Die offenen Arme in einer geschlossenen Gesellschaft. Die Brille in Maulwurfmomenten. Der Schubs über die Schwelle zu meinem Glück. Und die Hand, die mich zurückhält, festhält, wenn alles um mich fällt. Kämpferin, Beschützerin, Liebe, Fürsorge in einer Person. Danke für die Wurzeln. Danke für die Flügel.

Und ist es nicht schrecklich? Die Menschen, die man am meisten liebt, die stößt man am häufigsten weg. Wie oft sagte ich „Lass mich Ruhe" und „Geh weg". Wie oft sage ich Wörter, die tiefer schneiden als ein Schwert. Manchmal bin ich meiner Mama so erschreckend ähnlich, dass ich glaube, ich bin ihr Spiegelbild. Und das macht Dinge nicht immer leicht. Aber womöglich leichter mit der Zeit.

Aber manchmal, immer häufiger am Muttertag mache ich mir Gedanken. Mama sagt immer, dass sie diesen Tag nicht besonders mag. Sie sei ja nicht nur an diesem Tag Mama. Wir wären ihr größtes Geschenk, jeden Tag. Und ich sage: „Blablabla. Die Blumen bekommst du trotzdem jedes Jahr."

Aber eigentlich hat sie Recht. Mamatag ist jeden Tag. Jeder Tag ist Mamatag. Aber ich denke schon lange nicht mehr nur an Mama am Muttertag, also auch, ganz besonders, ja, aber eben nicht nur.
Ich denke an all die Mamas, die Mamas von ihrem Kind im Himmel sind. Ich denke all die Frauen, die Mama sein wollen und nicht können. Ich denke an all die Mamas, die Mamas sind, aber nicht sein wollten. Ich denke an all die Frauen, die keine Mama sind und nicht sein wollen und sich fragen, ist das ok? Ich denke an all die Töchter, deren Mama ihre Freundin ist. Ich denke an all die Töchter, deren Mama ihre Feindin scheint. Ich denke an all die Töchter, deren Mama nicht mehr auf der Erde ist. An Muttertag denke ich an alle Frauen.

Und frage mich, darf ich das? Heute ist Muttertag. Wie kann ich da an was anderes denken? Mein Kopf ist rund und gleich eckig, weil die Gedanken viel zu schnell drehen, und so sage ich STOPP. Denn eins haben wir doch alle gemeinsam. Wir sind Töchter. Königskinder. Gewollt. Geliebt. Gesegnet. Einzigartig erdacht, wunderbar gemacht und von einem liebevollen Schöpfer entfacht. So viele Gedanken am Muttertag. Gedanken über Gedanken und ich vergesse mal wieder das Danken. Das Bedanken. Danke Gott! Ich danke dir für meine Mama. Für meine Kindheit. Und die Gewissheit, dass ich geliebt bin. Danke Gott, dass ich sowas überhaupt sagen kann. Und ich danke dir nicht, weil ich die anderen sehe, denen es nicht so geht wie mir. Denn du hast alle einzigartig gemacht. Jedes Mama-Tochter-Verhältnis besonders erdacht. Besonders schön oder besonders schwer. Aber du hast den Plan. Mit jedem Menschen. Und nur du erkennst den Sinn dahinter. Und ja, ich weiß, das ist so leicht gesagt, gehöre ich doch irgendwie zu den Privilegierten in diesem Teil. Aber ich weiß, dass du jeden Menschen, jeden Mann, jede Frau, schon vor dem ersten Atemzug kanntest und ihn und sie zu deinem Kind ernanntest. Gott, heute ist Muttertag. Und ich wollte mal eben Danke sagen! Ganz besonders für jede Frau. Danke, dass du uns eine Krone aufsetzt, auf der KÖNIGS-KIND steht. Gewollt. Geliebt. Gesegnet. Hey du, ja du, du bist ein Königskind. Heute ist Muttertag. Aber ich nenne es lieber Prinzessinnen-Tag. Prinzessin – die Tochter des Königs. Alles Liebe zum Prinzessinnen-Tag.

Polaroid

Beim Sachenpacken, beim aus dem Zimmer schauen, beim Hinterfragen des Sinns, beim Fragen nach dem Zeitpunkt, an dem ich ankommen werde, beim Überlegen, beim Nachdenken wird mir klar: Ich bin noch nicht da, wo ich sein möchte. Ich möchte weiter, höher, schneller. Zu hoch hinaus. Ich bin noch nicht die, die ich sein soll, aber vielleicht die, die ich sein möchte?

Ich fahre los, doch bevor ich die richtige Straße wähle, entdecke in den Kerl, der hoch oben auf dem Glascontainer sitzt. Unter ihm all die zerbrochenen Scherben. Und er meditiert auf dem von Scherbenhaufen umrahmten Glascontainer. Er hat die Ruhe weg.

Die Ruhe, die ich nicht mehr finden kann. Rat- und rastlos. Ich halte es nicht mehr aus, packe meine Sachen und bin raus. Ich muss ans Meer. Mal wieder. Da war ich zu lange nicht.

Es gibt Welten auf dieser Welt, in die ich nicht passe. Nicht passen will. Und nie passen werde. Zu abgedroschen. Und es müssen erst so schlimme Tage und Nächte aufeinanderfolgen, bis ich kapiere, wie behütet ich aufgewachsen bin und dass ich mich mehr als glücklich schätzen kann, all die Schätze in meinem Leben haben zu dürfen! Es gibt diese Tage, da weiß ich weder aus noch ein.

Doch dann verschwinde ich. Und plötzlich scheint alles gut zu sein. Besser. Ich komme nach Hause. Heimat ist ein Gefühl und du warst meins. Aber die Heimat bleibt trotzdem. Und in der Wohnung auf der Fensterbank verblassen die Flecken, die für die Ewigkeit gemacht wurden durch das Sonnenlicht.

Und schon abends sitze ich am Meer. Es regnet und blitzt. Aber ich sitze im Trockenen mit Blick aufs Meer und frage mich, was wollen wir mehr?
Ich weiß, dass dieser Ort meine Heimat ist, aber ich weiß nicht, wie lange es dauert, bis ich zurückkomme. Ob ich das kann, schaffe und möchte. Und ich sehe dich, ich sehe dich wie du bist und wie du warst. Ich sehe wie wir waren und was wir zusammen waren. Und plötzlich wird das Schlimmste schön und das Schönste schlimm. Das Leben kann so unfair sein. Die Liebe bleibt und alles andere geht. Steht im Weg. Ich will die Uhr anhalten, ich will, dass die Zeit stillsteht. Wenn die Umstände doch anders wären. „Was wäre wenn" wird zu „Das war's".

Ich bin nicht weg, nur wo anders.
Denn in meinem Herzen bin ich irgendwie immer hier. Am Meer. Für immer. Und ich kann nicht glauben, dass die Liebe da ist und bleibt, wenn alles andere geht. Ich verstehe die Umstände nicht, die zu diesem umständlichen Umgang führten. Alle Wege führen nach Rom und ich hoffe, meiner führt bald wieder nach hier. Für immer, vielleicht. Denn manchmal reicht mir dieses kleine hoffnungsvolle Vielleicht.

Warum feiert die Frau seit 24 Jahren ihren Geburtstag nicht mehr? Weil ihr Mann vor 24 Jahren gestorben ist. Vermisst sie ihn? Es kommt immer darauf an, wie man liebt. Wie man liebt und lebt. Sie vermisst ihn. Die Liebe bleibt. Bleibt bestehen. Warum geht sie nicht? Zu groß sind doch Entfernung, Wut, Enttäuschung, Traurigkeit und Zweifel. Und warum bleibt dann dieses Gefühl in mir drin? Warum geht es nicht weg? Wo bist du? Wo ist alles? Dieses „Das war's" entsprang dem „Wir sind".

Ich bin.
Ich bin dort zuhause.
Auch ohne dich.
Für immer, vielleicht.
Aus unserem „Für immer"
wurde ein „Vielleicht".

Ich bin am Aufgeben. Am Loslassen. In jedem vorbei-
fliegenden Flugzeug sehe ich eine Sternschnuppe und
will mir was wünschen. Dabei sind Sternschnuppen
doch auch nur wie Sternenstaub, der verschwindet.
Aus zwei, die wie eins waren, wurden wieder zwei.
Zwei Wege.
Zwei Leben.
Zwei Herzen.
Das Einzige, das bleibt, ist die Liebe.
Die ich nicht verstehe.
Und das Leben.
Das ich noch nie kapierte.

„Wo bist du?",
bleibt wohl für immer die Frage,
die ich dir nicht stelle,
weil ich die Antwort befürchte.

Vielleicht

Du, ich muss nach Hause. Ich kann wieder schreiben, endlich. Mit dem Rad durch den Wind, den Duft riechen und den Kopf voller Gedanken. Voller Ideen.
Miss Overthinking.

Wir liegen da in der Schaukel am Strand direkt am Meer. Wir beobachten Sternschnuppen. Aber ich weiß nicht, ob ich wirklich welche sehe, oder ob ich sie mir einbilde, weil ich sie sehen möchte, mir so viel wünschen mag. Wir liegen unter dem Großen Wagen und du versuchst mir die Sterne zu erklären, dabei hast du gar keine Ahnung. Bei jedem Flugzeug denke ich einen Stern zu sehen und würde gerne mit dem blinkenden Licht davonfliegen. Und wenn wir an der Promenade hoch über all den Gedanken sitzen und das Lachen im Weinglas lauter werden lassen, ja dann sehen wir Menschen. Stellen uns unsere zukünftigen Ichs vor und wünschen, dass unsere Kinder ebenfalls beste Freunde werden.

Weißt du, eigentlich ist alles wie immer, nur anders. Und ich glaube, die Tür fällt langsam zu. Nur noch das Licht, das über der Diele erscheint, das Licht unter der Tür. Und es liegt an mir, ob ich das Licht mit einer Decke im Keim ersticke oder ob ich das Licht irgendwann wieder durch die geöffnete Tür scheinen lasse.
Ja, ich vermisse dich. Aber ich kann es nicht ändern. Das Leben hält nicht an. Du wirst für immer dableiben, da, in meinem Kopf. Und eigentlich mache ich alles falsch, nichts richtig, zweifle an allem, hinterfrage alles und werde liebevoll Miss Overthinking genannt. Ich kann das ohne dich, aber eigentlich will ich das nicht. Ich

mache es trotzdem und werde dann als stark und dumm zugleich abgestempelt. Und was bleibt, wenn alles geht, das sind meine besten Freunde. Die mich über mehr Hürden tragen, als wir jemals zusammengenommen haben.

Es ist alles wie immer, nur anders. Denn hier ist alles anders. Immer. Und zwischen all den Was-wäre-wenns bleibt das Vielleicht. Manchmal reicht ein Vielleicht. Für immer, vielleicht. Ich frage dich, ob das wohl für immer so bleibt. Vielleicht. Ändern wird sich nichts. Alles gleich, nur anders. Für immer und jetzt war unsere Ewigkeit. Doch nichts hält für immer. Außer das Vielleicht. Ich komme wieder. Für immer, vielleicht.

Wenn du springst

Aufgeregt lege ich mich schlafen.
Ich bekomme kein Auge zu.
Ich stehe auf. Schweißgebadet.
Die Sonne ist bereits aufgegangen.
Was wird mich heute erwarten?
Ich habe Angst.

Nicht ganz beisammen fahre ich los.
Ich betrete den hellen Raum
und werde mit Smalltalk-Fragen begrüßt.
Die Chance auf einen Aufstieg.
Die Frage, ob ich mir etwas zutraue, was ich nicht kenne.
Doch andere glauben an mich, wenn ich es nicht kann.
Ich springe ins kalte Wasser.
„Wenn du ins kalte Wasser springst, wirst du bestenfalls
das Schwimmen lernen", sagten sie schon damals zu mir.

Ich steige in mein Auto, immer noch nicht ganz bei mir.
Ich starte den Motor.
Nehme den gewöhnlichen Weg zurück.
Aber heute ist nichts gewöhnlich.
Die Ampel wird grün. Warum fährt er nicht?
Soll ich jetzt toben? Nein, ich habe keine Kraft.

Ich schaue nach rechts und erblicke dich.
Eine junge Frau, schreiend,
weinend in den Armen eines fremden Mannes.
Du windest dich.
Ich blicke nach links.
Ein LKW-Fahrer am Telefon.
Mein Instinkt? Weiterfahren.

Bloß kein Schaulustiger sein.
Einatmen. Ausschwenken, weiterfahren, ausatmen.

Aber ich bleibe stehen. Steige aus.
Frage, ob ich helfen kann.
Und ich fange an, mit dir zu reden.
Ich ziehe dir die schwarze Kapuze behutsam vom Kopf.
Ich frage nach deinem Namen.
Schweigen.
Ich nenne dir meinen.
Ich frage nach deinem Alter.
Schweigen.
Jetzt schweige auch ich.
Ich streiche dir die von Tränen durchgeweichten Haar-
strähnen aus deinem Gesicht.

Es sei deine letzte Chance gewesen.
Nie wieder willst du zurück.
„Warum hat er dich festgehalten?“
„Lasst mich gehen“, flehst du uns an.
Ich schaue nach unten auf die Gleise.
Der Zug kommt.
Und ich glaube, er fährt durch meine Eingeweide.
Mir ist schlecht.

Wenn du springst, fängt der Zug dich nicht auf.
Er nimmt dich mit.
Und deine Probleme auch.
Das Leben geht weiter, wenn du springst.
Aber womöglich ohne dich.
Ich weiß, dass es das ist, was zu willst.
Aber das Leben lässt dich nicht so einfach los.
Wenn du springst, ist es das Leben, das dich auffängt.

Du hebst dein Bein erneut über das Geländer.
Ich packe es und stelle es zurück auf den Boden neben
dir.
Wortlos halten wir dich fest.
Doch deine Narben am Arm sprechen mehr
als Worte mir erklären können.

Wenn du springst, hält der Mann dich auf.
Er hält dich.
Fest in seinen Armen.
Wenn du springst, halte ich dich zurück.
Wenn du springst, fängt dich das Leben auf.
Es ist das Leben, das dich liebt.
Das dich nicht aufgibt.
Und das Leben möchte dir Seiten zeigen,
die du noch nicht gelesen hast.
Du bist fertig mit dem Leben.
Aber das Leben noch lange nicht mit dir.
Halt meine Hand, ich stehe neben dir.

Meine Chance – ein Jobangebot.
Deine Chance – der Tod.
Und unsere Wege kreuzen sich hier.
Auf der Brücke.
Über den Gleisen.
Und du verfluchst uns.
Aber ich kann dich nicht gehen lassen.
Das Leben hängt an dir.
Ich werde Augenzeugin – denn ich sehe dich.
Deine Augen, die rot sind von all den Tränen.
Ich fühle noch heute
die Nässe deiner Tränen auf meiner Hand.

Ich habe noch heute das Gefühl, ich würde manchmal
mit dir dort oben auf der Brücke stehen.

Hören, wie das Leben dir ins Ohr flüstert:
„Bleib bei mir!"
Denn du würdest fehlen, würdest du springen.
„Wenn du springst, fang ich dich auf", sagt das Leben.

Denn es ist das Leben,
dass dich jetzt in seinen Armen hält.
Das Leben ist es, was die Polizei gerufen hat.
Das Leben steht hier, direkt neben dir und hört dir zu.

Ist es nicht komisch ironisch?
Das Leben?
Bereit zu gehen, den Entschluss gefasst, alle Grenzen
überschritten, das Geländer übertreten, stehst du auf
dem Vorsprung der Brücke, bereit zu springen.
Und ein Mann hält dich zurück. Mit aller Kraft.

Der Zug kommt.
Fährt weiter.
Wird nicht aufgehalten. Von dir.
„Alles wie immer", denken die Passagiere.
Und du verfluchst dein Leben ein paar Meter über ihnen.

Wenn du springst, wird nichts besser.
Nur die Kluft wird tiefer.
Probleme, deren Ausmaß ich nicht kenne.
Eine Fremde.
Und trotzdem
läufst du mir ausgerechnet heute über meinen Weg.

Die Sonne ist gestern Abend untergegangen.
Heute Morgen aufgegangen
und heute Abend wird sie wieder untergehen.
Manchmal will ich nicht wissen,
was dazwischen alles passiert.
Aber heute bist du mir passiert.
Ein Passagier, der für einen Tag eine Rolle in meinem
Leben spielt. Und ich glaube, du wirst noch so manchen
Moment in den Leben anderer spielen.

Und irgendwann wird die Sonne wieder scheinen.
Nur für dich.
Und auch wenn sie untergeht, geht sie wieder auf.
Wenn du springst, spring ins Leben, nicht in den Tod.
Denn das Leben ist es, was dir das Schwimmen lehrt.

Unsere Chance?
Das Leben.
Jeden Tag.

Es werde Licht

Ich stehe da so am Bahnhof. Und warte auf dich. Der Junge neben mir fragt seine Mama, wann sie endlich nach Hause fahren. Sie seien schließlich schon drei Wochen auf der Insel. Das sind wohl Urlauber. Am Anfang habe ich noch geglaubt, ich mache Urlaub. Konnte das Glück kaum fassen. Und obwohl es irgendwann Alltag wird, wird es nie zur Selbstverständlichkeit.
Das Leben am Strand. Mit beiden Füßen im Sand. Jeden Tag die Sonne sehen, die am Meer untergeht. All diese bunten Farben am Himmel. Die Dünen sehen, die Möwen hören und die Salzluft inhalieren.
Jeder Tag ist ein Geschenk.

Und doch, so bald schon, irgendwann, ertappe ich mich dabei, wie es nun doch zur Selbstverständlichkeit wird. Der Blick aus dem Fenster, die Nähe zum Meer, die Schiffe in der Ferne, die Natur und die Unbeschwertheit. Packe das tägliche Geschenk nicht mehr aus, weil es ja sowieso jeden Tag da ist. Irgendwann, ja, ist es wirklich möglich? Irgendwann ist da nur noch Gleichgültigkeit.

Doch das will ich nicht.
Ich, ich will das Licht.
Es werde Licht.
Feierabend.
Die Tür fällt zu und bald schon, da geht die Sonne unter.
Dunkelheit.
Ich packe all meine Sachen und laufe los. Die Wolken reißen auf und das Schauspiel ist eröffnet.
Es werde Licht.

Die Sterne leuchten da oben am Himmelszelt. Die Schiffe leuchten auf dem Meer und so mancher glaubt, das Festland sei zu sehen.

Es werde Licht.

Die Lichterbögen schmücken die Fensterrahmen. Die Lichterketten leuchten und auch die Stadt wird hell. Eigentlich ist es dunkel, aber plötzlich doch so hell.

Es werde Licht, sprach die Zuversicht. Und versenkte den Kummer tief im Meer.

Ich laufe weiter, mal schneller, mal langsamer. Direkt am Meer entlang, direkt unter den Sternen. Nein, das ist keine Selbstverständlichkeit. Denn ich verstehe es bis heute nicht, realisiere es nicht und denke, es ist ein Traum. Es muss doch tatsächlich erst dunkel werden, bis ich verstehe, wie hell das Licht doch leuchtet. Die Straßen laufe ich rauf und runter, hin und her und am Ende nochmal zum Strand, damit ich mir auch ganz sicher bin, sicher, dass das Meer noch da ist, dableibt und ich es so lange sehen kann, bis ich bleibe.

Es werde Licht.

Vier Monate und noch viel mehr. Viel mehr als die drei Wochen des Jungen. Langeweile? Nein, jeden Tag passiert was Neues. Was Spannendes, was Unerwartetes. Jeder morgige Tag ist anders als der gestrige. Kein Sonnenuntergang gleicht dem anderen. Jeder Tag ist ein Geschenk. Und ich würde so gerne jeden Tag als solches betrachten. Nie die Schönheit als Selbstverständlichkeit verachten. Denn das Leben, das ist schön. Und auch in den dunklen Zeiten leuchtet ein Licht. Denn er sprach „Es werde Licht".

Und wenn alle Stricke reißen, sei selbst das Licht, die Zuversicht, der Mut und die Hoffnung. Scheine hell und stecke andere damit an.

Und obwohl es irgendwann Alltag wird, wird es nie zur Selbstverständlichkeit. Das Leben am Strand. Mit beiden Füßen im Sand. Jeden Tag die Sonne sehen, die am Meer untergeht. All diese bunten Farben am Himmel. Die Dünen sehen, die Möwen hören und die Salzluft inhalieren.
Jeder Tag ist ein Geschenk.

Ich stehe da am Bahnhof und warte auf dich – bei Licht. Ich will noch nicht nach Hause, ich bleibe noch. Auch bei Dunkelheit, denn dann heißt es: „Es werde Licht" und dann ist endlich Land in Sicht.

Vergessen

Ich habe ganz vergessen,
wie sehr billiger Wein im Nachgang schmerzt.
Zu wie viel Kopfschmerzen
das Leeren voller Flaschen führen kann.
Und Übelkeit.
Wobei, das liegt bestimmt alles an dem letzten Tequila.
Dem, den wir zwischen hochgestellten Stühlen und ge-
öffneten Türen auf dem Weg zwischen Kneipe und Dis-
co in der gleichen Straße tranken.

Ich habe ganz vergessen,
wie gut es sich anfühlt,
aufgrund schöngelogener Worte
wie auf Wolken zu schlafen.
Ich habe ganz vergessen,
wie sehr es mich verwirrt,
in deiner Nähe zu sein.

Da brennt Licht in dem Wohnzimmer deiner Wohnung,
in deinem Haus, in der Straße auf der Insel mitten im
Meer, die ich so lange als mein Zuhause bezeichnete.
Aber du bist nicht da.
Nicht da, wo ich bin.
Dabei hoffte ich, da zu sein, wo du bist.
Aber du bist weit weg.
Da ist so viel Platz zwischen uns.

Ich habe ganz vergessen,
wie es sich anfühlt,
wenn du die Kluft zwischen uns überwindest.

Ich habe ganz vergessen,
wie es sich anfühlt,
wenn deine warmen Hände
sanft meine kalten Tränen aus dem Gesicht wischen.

Ich habe ganz vergessen,
wie sehr mich deine leisen Worte
mitten im lautesten Sturm beruhigen.

Ich habe ganz vergessen,
wie gut du mich verstehst.
Ich habe vergessen zu vergessen,
denn all das weiß ich noch zu genau.

Und all das fällt mir jetzt ein,
wie ich mit meinen weißen Chucks
zitternd vor deiner Tür stehe
und nicht weiß,
ob ich anklopfen soll
oder eintreten darf wie immer.

Ich bin verkatert.
Ich will hier nicht sein.
Und drehe um.
Wir waren immer zur falschen Zeit am falschen Ort.
Und auch jetzt ist es nicht richtig.

Ich habe ganz vergessen, wie weh du mir getan hast.
Was du gesagt hast.
Ich habe ganz vergessen, was wir waren.
Ich habe ganz vergessen, was wir sein wollten.
Ich habe dich ganz einfach vergessen.

Goldener Herbst

Ich habe verschlafen, den Wecker nicht gehört. Also schlafe ich aus. Bis die Sonnenstrahlen mich wecken. Ihren Weg haben sie durch die heruntergelassenen Rollläden zu meinem Gesicht gefunden. Ich stehe auf. Setze mich mit einem frischen Kaffee an den gedeckten Tisch, auf dem die noch warmen Brötchen im Korb warten und das Omelette auf meinem Teller liegt.
Ein verschlafenes „Guten Morgen" und mein Kopf ist voller Ideen. Voll mit Ideen, was ich heute schaffen möchte. Nichts eigentlich. Und doch so viel.
Ich stehe vom Tisch auf und mache mich fertig. Verlasse das Haus und damit alles, was mir vertraut erscheint. Ich befinde mich auf neuen Wegen, mit neuen Abgründen und einem erweiterten Horizont.
Es ist kalt. Deshalb war auch morgens wohl der Ofen an. Zurück gehen? Keine Option.

Ich habe noch nie verstanden, warum in schlechten Filmen das gute Essen immer stehen gelassen wird, weil jemand ganz plötzlich wegmuss. Ich? Ich stehe extra früher auf, um alles in Ruhe machen zu können. Meinen Kaffee? Den trinke ich morgens in aller Ruhe. Und verschlafen? Verschlafen habe ich noch nie. Wirklich. Meistens wache ich vor dem Wecker auf, weil ich weiß, was ich machen muss.
Und ja, heute Morgen habe ich nicht verschlafen. Ich wollte nur einmal so tun, als sei ich wie die anderen. Normal. Aber mein Frühstück, das habe ich aufgegessen, bevor ich das Haus verlassen habe. Schnell habe ich gegessen. Von all meinen Freundinnen bin ich immer eine der ersten, die mit dem Essen fertig ist.

Wir haben uns gestritten. Aber deinen Worten hörte ich nicht zu, ich packte meinen Rucksack und ging fort. Ich bin draußen. Ich habe uns nie am Frühstück definiert. Du sahst das anders.

Im Wald, da scheint die Sonne durch die Blätter in mein Gesicht. Sie kitzelt so sehr, dass ich niesen muss. Gesundheit. Schönheit. Glücklichsein. Zufriedenheit. Das wünsche ich mir. Die Sonne lässt die Blätter, ja, den ganzen Wald golden scheinen. Aber ich, ich nehme das Ganze nur am Rande wahr. Denn ich fühle mich gefangen. Ich fühle mich müde und ausgelaugt. Leere ist es, die mich ausfüllt. Und ich habe es satt von Brettchen zu essen, ich will einen Teller.

Ich glaube, ich komme nicht wieder. Ich beobachte die Sonnenstrahlen und irgendwie sieht es so aus, als würden sie mir den Weg weisen. Wohin, das weiß ich nicht. Ich werde es aber auch nie wissen, wenn ich ihnen nicht folge. Immer weiter der Sonne folgen, dem Kitzeln der Nase nach und all die Stimmen im Kopf ignorieren. Atmen. Ein und wieder aus. Lachen.

Ich weiß, was ich will und was ich nicht will. Manchmal. Aber manchmal, da weiß ich gar nichts. Denn die Leere füllt mich aus. Und ich frage mich, wo der Fehler liegt. Bei der Liebe wird er liegen. Es ist ein Problem, wenn man liebt. Zu schnell liebt. Und ganz liebt. Kompromisslos. So kann man nicht lieben. Aber so sollte man lieben. Aber wenn du so liebst, machst du dich verletzlich. Du erscheinst zerbrechlich.

Wenn ich liebe, liebe ich ganz. Mit ganzem Herzen und ohne Verstand. Aber es ist falsch, wird mir gesagt. Und ich? Ich bin wütend! Nur weil etwas gefährlich ist, ist es nicht falsch! Es ist schmerzhaft, aber den Schmerz merkt man nicht, wenn man voll mit Leere ist. Und nur weil etwas weh tut, hört man nicht auf mit der Sache, die den Schmerz bringt. Wie haben wir wohl alle das Laufen gelernt? Das Fahrradfahren? Das Lieben? Das lernt man nicht. Man lebt es. Aber das kann genauso weh tun. Ja, ein bisschen mehr sogar.

Aber die Sonne scheint. Es ist Herbst. Eigentlich ein grauer Herbst. Aber es war ein sonniger Tag, an dem ich meine Sachen packte und ging. Goldener Herbst. Zu warm für eine Jacke. Und trotzdem meinen so manche Menschen, den Duft kandierter Äpfel wahrzunehmen. Mitten im Wald. Aber eben diese Menschen bilden sich auch ein, ganze Berge zu erklimmen, sind es doch, ganz genau betrachtet, nur Luftblasen im Asphalt.
Eine Frage der Perspektive. Sonne im Gesicht. Kein Sommer mehr. Noch kein Winter. Irgendwas dazwischen. Goldener Herbst.

Ich? Nicht mehr leer. Aber auch noch nicht voll mit Glück und Zufriedenheit. Noch nicht angekommen.
Irgendwas dazwischen.
Aber nicht halb leer, sondern halb voll.
Auf dem Weg.
Bereit für Neues.
Sonne im Herzen.
Lachen im Gesicht.
Goldenes Ich.

Versteck

Ich laufe querfeldein über grüne Felder,
durch weite Wälder.
Ich renne durch die Dünen,
durch den nassen Sand.
Bis an die Wasserkante.
Dort lege ich den Kopf in den Nacken.
Und atme ein.
Dann, dann halte ich die Luft an.

Ich verstecke mich.
Hinter der aufrechterhaltenen Fassade.
Was du siehst, ist nur ein Teil der Visage.
Ich verstecke mich.
Hinter roten Herzen.
Und oberflächlichen Kommentaren.
Ich verstecke mich.
Hinter einer unbedeutenden Zahl von Abonnenten.
Ich verstecke mich.
Hinter einer Zahl.
Von der mich vielleicht fünf wirklich kennen.

Zwischen
„Was du schreibst, will keiner lesen!“
Und
„Was hast du schon zu erzählen?“
überlese ich da
 „Schön, dass du da bist!“
und das
„Ich vermisse dich!“

Es heißt doch
„Ich sehe was, was du nicht siehst".
Aber ihr seht nicht, was ich sehe.
Wo ich stehe.
Wer ich bin.
Und es ist nicht eure Schuld.
Denn ich, ich verstecke mich.

Suchst du mich?
Siehst du mich?
Mich gibt es nicht, nicht so wie ich bin.
Denn ich verstecke mich.

ÜBER DIE ZWISCHENZEIT

Die Schönheit im Warten erkennen

Warten

Ich warte.
Wie bestellt und nicht abgeholt.
Know your season.
Know the reason, hätte ich gerade lieber.

Gott, ich warte!
Die anderen jagen dem Glück hinterher, fangen es ein.
Manchmal glaube ich, sie lassen mir nichts übrig.
Wozu bin ich da?
Was ist dein Plan mit mir?
Und nein, ich höre deine Stimme nicht.
Du kannst schreien.
Du kannst flüstern.
Ich bin taub.
Und hämmere diese Worte
wütend und wartend in die Tastatur.

Ich glaube, du bist am Werk.
Verwunderliches Werk.
Du arbeitest an einem Frack.
An mir.
Ich bin's.
Du arbeitest in mir, damit ich bereit bin,
für das, was kommt.
Was auch immer da kommt.
Ich warte.

Gott, ich soll nicht hassen.
Aber ich hasse diese Zwischenzeit.
Sie schmerzt.
Nichts ist konstant.

Alles wird umgeworfen und zertreten.
Ich kehre einen Scherbenhaufen zusammen
und setze mich darauf.
Hässliche Aussicht.
Ich sehe nichts.
Du kannst brennen.
Du kannst löschen.
Ich bin blind.
Und hämmere diese Worte
wütend und wartend in die Tastatur.

Gott!
Dieser Stress, diese Unruhe, ich finde dich nicht.
Ich erwarte nichts.
Ich glaube.
Ich hoffe.
Nur auf was?
„Auf was wartest du?“, fragen die anderen,
die dem Ziel zum Greifen nahe scheinen.
Ich habe nichts von dem, was sie haben.
Ich bin nicht neidisch.
Ich bin glücklich.
Auch wenn es nicht so klingt.
Aber oft fehlt mir so viel von dem,
was ich nicht brauche.
Ich sehne mich wonach.
Und weiß doch ganz genau,
dass nur du dieses Loch
in meinem Herz füllen kannst.

Gott, ich warte!
Und bin es leid!
Wie lange noch?

Ich warte.
Nicht ruhig.
Ziemlich unruhig.
Und besorgt.
Verzweifelt.
Aber ich warte.
Harre aus in der Zwischenzeit.
Und lerne meine season kennen.
Ich lasse los.
Und packe aus.
Den schweren Rucksack.
Damit du mein Herz neu füllen kannst.
Und den Bruch heilen kannst.

Ich laufe dir nach.
Du bleibst stehen.
Fängst mich auf.
Nimmst mich an die Hand.
I don't know the reason.
Sometimes I don't even know my season.
But I know you.
And you know my heart.
Du bist ein Gott, der mich sieht.
Der mein Herz liebt,
auch wenn es manchmal nicht mehr lieben kann.

Ich warte.
Und weiß nicht, worauf.
Manchmal glaube ich,
ich verliere diesen Lauf.
Du bist im Rückenwind und flüsterst:
„Gib nicht auf!"

Ich höre.
Ich sehe.
Dich an meiner Seite.

Ich warte.
Und weiß, du stärkst meine Wurzeln.
Ich warte, während du an meinem Ziel arbeitest.
Und mich vorbereitest.
Ich warte.
In der Zwischenzeit.
Und halte das aus.
Mit Vorfreude.
Denn du beendest meinen Lauf.

Zwischenzeit

Die nackten Füße streifen den Sand.
Währenddessen singt KUMMER:
„Ich bin zu müde, um zu schlafen."
Eigentlich ist es doch so:
Ich bin zu glücklich, um zu lachen.
Ich bin zu traurig, um zu weinen.
Ich bin überreich.
So überreich, dass ich nichts verschenke, außer Zeit.
Die verschwende ich.
Es ist vorbei.
Versprochen.
Kuss drauf.

„Dazwischen" ist mein aktueller Standort.
Ich bin nicht hier.
Ich bin nicht da.
Ich bin dazwischen.
Ich war frei und gebunden.
Ich hatte mein Glück doch gefunden.
Geblieben sind trotzdem nichts als Wunden.
Und Zeit, die wie verschwunden scheint.
Ich lebe im Gestern, im Morgen, niemals im Heute.
Ich lebe dazwischen.
Ich warte.
Wie bestellt und nicht abgeholt.
Auf den Alles-oder-Nichts-Moment.
Bis dahin verweile ich.
In der Zwischenzeit.

Vor drei Monaten an gleichem Ort und gleicher Stelle
berührten meine nackten Füße das kalte Meer.

Sonne im Gesicht, Wind in den Haaren.
Salz auf der Haut.
Cocktail in der Hand.
Sonnenbrille auf der Nase.
Das war unser Sommer.

Heute, an gleichem Ort und gleicher Stelle, läuft das kalte Meerwasser in meine weißen Chucks.
Der Wind lacht mir eiskalt ins Gesicht.
Und trotzdem ist mir herrlich warm.
Kalte Füße, warm ums Herz.
Die Mütze zieh ich tief ins Gesicht,
der Reißverschluss ist dicht – bis unters Kinn.
Ich schließe, dort an der Wasserkante, die Augen.
Ich atme ein.
Ganz viel Glück und Salz auf einmal.
Ich atme aus.
Ich glaube, ich bin zuhause.
Das hier wird unser Herbst.
Der Strand – verlassen.
Die Strandzelte – in Reih und Glied aufgestellt.
Streifenliebe.
Sogar die freie Schaukel bietet mir jetzt einen Platz zum Seele-baumeln-lassen an.

Angenommen.
Ich wäre angekommen:
Darf ich dann bleiben?
An diesem Ort und dieser Stelle?
Wie benommen vom Glück.
Oder muss ich weiterziehen?
Weitersuchen.
In der Zwischenzeit.

Auf der Durchreise.
Gekommen, um zu gehen.
Gegangen, um zu bleiben.
Ein Gast zuhause.
Zu Besuch an fremden Orten.
Kein Gast.
Kein Bewohner.
Zu Gast bei Bewohnern und trotzdem fremd.
Die gestrandete Festländerin.
Die rastlose Nordseeverrückte.

Doch hier, hier kenne ich mich aus.
Mein Herz zeigt immer nach Norden.
Hier ist sein Ankerplatz.
Der Heimathafen des rastlosen Seelenschiffes.
Ich komme wieder.
Denn der Winter, der gehört uns.
Bis dahin verweile ich.
In der Zwischenzeit.

Ich bin nicht im Urlaub.
Ich bin zu Besuch.
Ich war nicht weg.
Ich war nur woanders.
Ich bin nicht verloren.
Ich bin auf der Reise.
Ihr fragt: „Schon wieder?"
Ich sage: „Endlich wieder!"

Da unten küsst das Meer den Strand.
Ich stehe hier oben. Barfuß im Sand.
Ich atme ein.
Ganz viel Glück und Salz auf einmal.

Ich atme aus.
Und fühl mich dabei wie Zuhaus'.
Auf jedes Boot, das ich male, schreibe ich „Ahoi".
Jedes Segel, das ich auf Papier setze,
lässt das Boot Richtung Norden segeln.
Jede Möwe, die ich kritzle,
sieht heute noch aus wie ein ausgeartetes M.
Und es wird immer so bleiben, denn mein fehlendes
Kunsttalent bestätigt mich in der Annahme: Nichts ist
so schön, wie das mit bloßem Auge zu bewundern.

Deshalb werde ich wiederkommen.
Um zu verweilen.
Denn beim Verweilen verschwendet man keine Zeit.
Man lebt sie.
Und bis dahin harre ich aus in der Zwischenzeit.

Meine Hommage an Borkum

Ich laufe nicht weg. Ich renne dir entgegen. Denn ich muss weg, so schwer scheint das Gepäck, das es seit Langem zu tragen gilt. Und ja, das Meerweh brennt wie Küstennebel in der Kehle. Ich muss weg. Und das Herz weiß genau, wohin.

Denn bin ich bei dir, scheint alles gut zu sein. Weniger wichtig. Mehr so wie durchsichtig. Denn durch dich sehe ich Dinge wieder klar. Seitdem ich dich kenne, weiß ich, wo meine Träume ihren Ursprung nahmen. Denn du bist tatsächlich die Insel meiner Träume. Einatmen. Ausatmen. Aufstehen. Rausgehen. Mütze auf. Schal drumherum.

Wie sehe ich eigentlich aus? Hier ist's mir egal. Denn hier trage ich mein Lieblings-Make-up. Und das geht so: Salz auf den Lippen, Wind bis in die Haarspitzen. Sonne auf der Haut, dieser Ort ist so vertraut. Muscheln in der Hand. Gerade frisch vom Strand gestohlen. Der Gesang der Möwen in meinem Ohr wirkt wie ein Orchester, das nur für meine Seele spielt. Ein „Moin", ein paar Tassen Tee und diese Stille trifft mich inmitten meiner Wogen. Die Sorgen scheinen wie verflogen. „Nimm sie mit!", schreie ich der Welle hinterher. Bevor ich mich weiter durch die Dünen zurück auf meinen liebsten Holzweg begebe, der mir sicherer scheint als fester Boden unter den Füßen.

Der Anker macht fest und das Herz stellt fest: Hier ist alles anders. Aber nicht schlechter. Denn der Leuchtturm steht fest wie einer in der Brandung, auch wenn alles andere nur noch Umrandung ist. Beständigkeit inmitten der Bedrängnis. Die Sandkörner zwischen den

Zehen, eine kalte Brise um die Nase und das Leuchten in der Ferne. Die hellen Sterne, die es nur hier zu sehen gibt. Der alltägliche Kuss der Sonne an das Meer und die abschließenden Farben am Himmel, ja, die mag ich sehr.

Und die vermisse ich sehr. Denn was soll ich sagen, wenn ich nicht schlafen kann, dann träume ich trotzdem. Von dir. Denn die Insel meiner Träume bist du, Borkum, ganz allein. Und bei deinem „Klang von Meeresrauschen vergess' ich Raum und Zeit und ich spür' einen Hauch von Unendlichkeit". Und laufe ich die Buhne entlang bis zum Schluss, glaube ich, ich stehe am Ende der Welt und begreife, dass das doch erst der Anfang ist. Der Anfang der Geschichte vom Mehr. Denn hier gibt's mehr zu sehen und zu erleben als Worte es je beschreiben können. Es brennt. Das Herz. Vor Schmerz. Es hat Meerweh. Heimat ist ein Gefühl. Und du bist meins.

Selbstverständlichkeiten

Wie selbstverständlich stehe ich auf.
Heute Morgen eher quälend als lächelnd.
Ich mache alles so, wie jeden Morgen,
selbstverständlich behalte ich die Routine bei.
Frühstück, Kaffee, Morgentoilette.
Viel zu gestresst wie selbstverständlich ins Auto gesetzt.
Abgehetzt.
Genervt.
Sinnsuchend.
Beinahe hoffnungslos.
Ich habe Sehnsucht.
Fernweh, Meerweh.
Heute früh vor dem Spiegel, da war schon wieder eins.
Ein graues Haar.

Die Zeit vergeht und ich bekomme nichts davon mit.
Lebe nicht im Jetzt.
Ja, wo bin ich eigentlich so wirklich ehrlich Ich?
Ich bin die Meisterin im Selbstzerstören.
Hab' sie fast verloren,
vor meinen Augen, an meiner Hand.
Ich ziehe aus und lasse los.
Halte fest an alten Momenten.
Gefüllt mit dieser unsagbaren Leere in mir drin.
Gehe zum Sport, nehme mal ab, der Stress stetig zu.
Behüte alle meine Schätze, nur nicht meine Seele.
Ich unterschreibe den Vertrag.
Der mich mehr bindet, als befreit.
Verkaufe Bücher und träume von Märchen.
Sag mir, wie ist es so im Jetzt?
Wie ist es, wenn man nicht abgehetzt ist?

Ich würde so gerne allen gerecht werden
und bin dabei so oft am ungerechtesten zu mir selbst.
Nehme es als Selbstverständlichkeit,
dass mein Körper das aushält.

Sag mal, Gott, wohin führt mein Irrweg eigentlich,
wenn doch alles zu meinem Besten dienen soll?
Wo bist du?
Ich fühle mich so schrecklich einsam,
auch wenn ich selbstverständlich weiß,
dass du immer da bist.
Selbstverständlich geht's mir eigentlich gut.
Aber ich nehme das alles zu selbstverständlich.
Und wenn das Selbstverständliche fehlt,
dann bin ich ängstlich.
Mache mir Sorgen.
Vor allem um das Morgen.
Um meine Ressourcen.
Reicht das aus?
Das Ich und das, was ich kann?

Gott, mein Geld und meine Gaben, meine Geduld,
meine Güte, meine Zeit, meine Fähigkeiten,
all die haben Grenzen.
Dicke Grenzen.
Die Begrenzungen engen mich ein.
Werden selbstverständlich.
Bis ich sie akzeptiere und mich wie selbstverständlich
nur innerhalb meiner selbstgebauten Grenzen bewege.
Ich muss hier raus und weiß nicht wie.
Ich habe keine Kraft.
Und so schaue ich auf den Boden.
Auf die Blume vor meiner Nase.

Ich schaue auf.
Und erblicke die Vögel
und in der Nacht die Sternschnuppen.
Ich sehe die sich spiegelnden Sonnenstrahlen
abends am See.
Ich glaube, damit sehe ich ein Stück von dir.
Und nehme das viel zu oft als selbstverständlich.
Diese Liebe.
Bedingungslose, grenzenlose Liebe.
Und doch übersehe ich sie
jeden Tag an einem anderen Ort.

Nicht ich brauche die Kraft.
Du hast sie bereits.
Und schenkst mir jeden Tag so viel, wie ich brauche.
Und wenn sie ausgeht, dann trägst du mich huckepack.
Über Stock und Stein.
Und du lässt mich nicht fallen. Niemals.
Und das ist nicht selbstverständlich.
Das ist so unverständlich, unbegreiflich,
dass mein Verstand es niemals ergründen kann.
Aber das muss er nicht. Das kann er nicht.
Und das soll immer so bleiben.
Denn deine Liebe ist nicht selbstverständlich
und dass soll sie niemals werden.

Und so forderst du mich auf:
„Steh fest!", sagst du zu mir,
während die ganze Erde bebt.
„Steh fest!", sagst du zu mir,
während ein jeder seine Stimme
gegen die eines anderen erhebt.
„Steh fest!", heißt es und so bleibt es.

Feststehen auf wackligen Beinen, mit unterschätzen Gaben, den Fokus auf die drohende Flut, fast blind vor lauter Sorgen vor dem Morgen.
Überforderung trifft auf Anforderung trifft auf Verantwortung. Nicht in der Lage, Entscheidungen zu treffen, weil sich da die Angst vor den Konsequenzen und der Mut, es dennoch zu tun, bezüglicher ihrer Kräfte gegenseitig messen.
Gott, so oft fragen mich die Menschen, wo du bist. In all meinen Tiefen. Im Stress. Im Leben. Ja, in Krisen.

Ich bin herausgefordert.
Jeden Tag aufs Neue.
Ich suche Hoffnung.
Neue Wege sollen gegangen werden,
mit der gleichen alten Haltung.
Nach vorne stolpern, nach hinten schauen.

Viel zu selten wird dabei nach oben geschaut.
Auf dich, der du alles erbaust.
Ja, von klein auf.
Wir suchen nach Hoffnung. Nach Kraft. Nach Halt.
Und keiner blickt in den Stall.
Da ist es dunkel. Dreckig. Stickig.
Und wir übersehen dabei das hellste Licht.
Nicht nur jedes Jahr aufs Neue,
während wir zwischen Lebkuchenherzen,
Baumkuchen und Schokoladen-Weihnachtsmann
durch die Regale hetzen.
Nein, sogar jeden Tag aufs Neue.
Während wir gestresst
durch den Nine to Five-Alltag hetzten,
unseren Nächsten und uns selbst vergessen.

„Ich bin bereit!",
schreit trotz allem ein fast überhörbarer Teil.
Bereit, weil die Kraft
ihren Ursprung nicht in Menschenhand hat.
Ich stehe fest,
weil das Fundament auch in wackligen Zeiten bleibt.
Ich stehe fest,
obwohl, nein, gerade weil,
so viel nicht in meinen Händen liegt.
Ich stehe fest.
Mit unentdecktem Potenzial.
Mit einem Kartenblatt,
dessen Wert ich nicht beeinflussen,
aber dessen Karten ich spielen kann.
Das Beste aus dem mir Gegebenen machen.
Und da wäre noch das Ass im Ärmel.
Die alles entscheidende Karte,
die jedes Blatt wenden kann.
Es liegt in meiner VerANTWORTung.
Ich stehe fest.
Mit Leidenschaft, die auf ihn gründet.
Ich stehe fest.
Und frage mich dennoch oft, wer ich bin
und weiß trotzdem ganz genau,
dass ich am Werden bin.
Und viel zu selten erwarte ich etwas Großes.
Sorge mich lieber um das Morgen
und schaue auf das,
was ich nicht bauen kann.

„Stehe fest", sagst du zu mir.
Und ich weiß es, ja – ich stehe fest – auf dir.

Suche, so gut ich kann,
und vielleicht schaffe ich es ja dieses Jahr,
die knarrende Tür zum dreckigen Stall zu öffnen.
Das Strahlen wahrzunehmen, statt nur zu sehen.
Und das kleine Kind in der Krippe
in die Arme zu nehmen.
Statt direkt wieder zu gehen.
Die Welt mit Kinderaugen sehen.
Und mit seinem Herzen vielleicht nicht verstehen,
aber lieben.
Und zu hoffen.
Weil das Kind in der Krippe keine Eintagsfliege ist.
Sondern jeden Moment meines Lebens mit mir teilt.
Vielleicht schaffe ich es ja dieses Jahr,
Selbstverständlichkeiten nicht als diese wahrzunehmen.
Vielleicht schaffe ich es ja dieses Jahr,
zu verstehen, dass das kleine Kind in der Krippe lag,
um mir zu zeigen, was sich wahrlich dahinter verbarg:

Wir sind geliebt.
So unendlich, dass der Vater im Himmel an Weihnachten die Hoffnung in Person auf die Erde schickte. Damit auch Menschen wie du und ich verstehen, was Liebe heißt.
Und ja, das ist Weihnachten noch immer für mich:
Liebe.
Hoffnung.
Mut.
Wärme.
Glaube.
Liebe.
Und alles, aber keine Selbstverständlichkeit.

Der Sturm vor der Ruhe

Es ist kurz vor zwölf. Es ist kurz vor knapp.
Fast zu spät.
Die Welt ist am Durchdrehen.
Menschenmassen werden der Massen nicht satt.
Warum Schlange stehen, wenn man vordrängeln kann?
Warum benehmen, wenn man neben sich stehen kann?
Immer egoistischer.
Denn nur das Ego scheint noch sicher.
Das alleinige Wohl steht über dem Allgemeinwohl.
Keine Ahnung von nichts
und das Nichtwissen als allwissend verkaufen.

Es ist fast zu spät, aber ich habe es geschafft.
Den Absprung.
Bin weggelaufen und gestrandet auf der Insel.
Ruhe – denkst du.
Doch erwartet einen der Sturm.
Der Sturm vor der lang ersehnten Ruhe.
Die Insel, kurz vor dem Untergang.
Hilfe! Die Touristen sind da!
Eben noch einer von ihnen
und jetzt kein ganzer und kein halber mehr.
Wo ist die Ruhe? Die Ruhe nach dem Sturm?

Es ist nicht mehr bloß das immer weiter, höher, schneller, es ist ambitionierter, besser, chaotischer, designierter, effektiver, fester, größer, höher, idiotischer, jobsicherer, kürzer, länger, mutiger, nichts aussagender, optimistischer, pessimistischer, quälender, riesiger, schneller, tragfähiger, unkomplizierter, verwöhnter, weiter, x-facher, y-förmiger, zwanghafter.

Die Menschen wissen nicht mehr, was sie wollen.
Was ist Wunsch und was ist Anforderung?
Was ist Zwang, was Gewohnheit?
Und was der eigene Wille?
Hektik.
Die Menschen stehen unter Strom und fangen an,
mit dem Strom zu schwimmen.
Immer weiter, immer so weiter.

Stopp. Cut. Pause. Halt. Aus. Ende. Vorbei.

Wer will das schon?
Warum sich selbst in der Welt verlieren,
die selbst nicht weiß, was sie will?
Ruhe.
Komm zur Ruhe auf der Insel.
Warte nur den Sturm ab und danach
beobachte die Ruhe. Wenn du etwas sehen kannst.
Tief durchatmen. Was siehst du?
Alles wird leerer und langsamer.
Das Meer scheint rauer, der Strand viel weiter.
Nichts trennt Sand und Wasser.
Nichts hält auf den Wind.
Auch kein himmlisches Kind.
Die Straßen werden leerer, die Cafés voller.
Die Sonne versteckt sich, die Pfützen werden gefüllt.
Der Platzregen kommt plötzlich
und Sturmwarnungen gehen raus.
Das ist er also, der Sturm vor der Ruhe.
Ab morgen wird alles ruhiger.
Alles stiller.
Alles friedlicher.
Ruhe.

Das ist dann die Ruhe vor dem Sturm.
Vor dem nächsten Ansturm.
Ruhe, zum Kraft tanken, Durchatmen, Klardenken.

Der Sturm vor der Ruhe wird zur Ruhe vor dem Sturm.
Und so geht es immer weiter.
Der Kreislauf, der nicht stoppt.
Wie Ebbe und Flut.
Der Sturm läutet die Ruhe ein.
Der Wind, der alles wegbläst.
Und plötzlich ist alles still.
Ich tappe im Dunkeln und suche die Orientierung.
Der Leuchtturm wird es schon richten.
Der Fels in der Brandung.

Und plötzlich ist die Ruhe so herrlich.
So angenehm.
Einfach mal durchatmen.
Der Sturm mag unangenehm sein.
Aber nach dem Sturm kommt die Ruhe.
Die Ruhe vor dem nächsten Sturm.
Und egal, was du suchst, was du willst.
Nach dem Sturm kommt die Ruhe
und nach der Ruhe kommt auch wieder der Sturm.

Es ist kurz vor zwölf. Es ist kurz vor knapp.
Fast zu spät.
Tick, tack, die Uhr tickt.
Doch jetzt, ganz kurz, bleibt die Uhr stehen.
Die Welt dreht sich weiter, doch ohne uns.
Denn jetzt ist kurz Ruhe angesagt.
Wir legen eine Pause ein.
Denn das hier, das ist die Ruhe vor dem Sturm.

Die große Freiheit

Ich will überallhin.
Nur nicht nach Hause.
Da wartet keiner.
Ich liebe mein eigenes Reich.
Und hasse es zugleich.
Ich sehne mich nach Ruhe.
Und halte die Stille nicht aus.
Ich bin zerrissen und dabei gefangen.
Dabei bin ich doch so frei.
Ich liebe, was ich habe.
Und habe doch nicht genug.
Sondern viel zu viel.
Ich glaube, ich suche das Leben.
Den Sinn.
Den Inhalt.
Das Wohin und den Weg dorthin.
Und das Wovon.
Das Davon.
Den Ausweg aus der Einbahnstraße.
Wir schwimmen gemeinsam.
Einsam gegen den Strom.
Den Strom des Lebens.
Jeder für sich.
Und keiner dabei allein.
Eingeschlossen in der Zwischenzeit.
Ich stehe nicht fest mitten im Leben.
Ich balanciere auf wackeligen Beinen,
verliere gelegentlich das Gleichgewicht, falle hin,
stehe auf und versickere im Sand.
Mit dem Kopf immer wieder gegen eine Wand.
Eingeengt innerhalb der altbekannten Grenzen.

Pflege

12. Mai 1820
Sie erblickte das Licht der Welt.
Wobei – wohl eher erblickte ein Licht die Welt.
Ja, wahrlich: Licht.
Das sollte sie später für viele Menschen werden.
Zuversicht. Hoffnung. Revolution.
Ein Leben für den Nächsten leben
und dabei so viel geben.
Florence Nightingale. Begründerin der heutigen Krankenpflege und Pflegewissenschaft.
Ihr Ziel: Verbesserung der Gesundheitsfürsorge.
Nicht nur durch andere, sondern durch sie selbst.
Entgegen aller Erwartungen und Anforderungen kämpfte sie für ihren Willen, machte das, was keiner machen wollte. Weil da ein minderwertiger Ruf dem Beruf vorauseilte.
Wenig Ansehen.

Doch schon Nightingale erkannte die Wunder.
Sie sah die Menschen hinter der Krankheit.
Lady with the lamp.
Das Licht. Für viele Soldaten.
Spätabends lief sie mit der Lampe durch die Lager.
Den ganzen Tag hielten andere Arbeiten sie von dem Wesentlichen ab – den Menschen.
Die Verbesserungen waren so offensichtlich und doch setzte niemand sie um.
Hygiene. Pflege. Ernährung.
Aber der Beruf war ja minderwertig.
Keines Ansehens wert.
Etwas so Unwichtiges muss ja nicht verbessert werden.

19. Jahrhundert
Zwei Jahrhunderte später frage ich dich,
was ist geworden aus dem Licht?
Pflege im Wandel.
Professionalisierung wird versucht.
Pflege zwischen zwei Stühlen.
Menschlichkeit gesucht.
Mal in den Himmel gelobt
und mal aus Versehen vergessen.
Anerkennung und Wertschätzung mündlich in die
Luft geschossen, ich habe den Applaus nie gehört, alle
Pulver verschossen, ohne, dass überhaupt etwas dort
ankam, wo es gebraucht wird.

Warum studierst du in der Pflege?
Such' dir doch was Vernünftiges.
Etwas Vernünftigeres als Menschen.
„Mache ich nicht", sage ich ganz unvernünftig.
Denn während du glaubst, ich wische nur Hintern ab,
wasche von früh bis spät Kopf bis Fuß, stopfe Essen in
lebensgesättigte Mägen, verteile zu viele Tabletten hier
und unwirksame Infusionen da, messe Blutdruck und
führe aus, was der Gott in Weiß mir sagt, mache das,
was Pflege wirklich ist.
Ich führe Gespräche, wo sonst Stille das Lauteste ist.
Ich halte Hände, die zittern vor Angst.
Ich blicke in strahlende Gesichter.
Ich versorge klaffende Wunden, deren eigentliche Kluft
viel tiefer reicht.
Ich sehe, wie Angst dem Mut weicht.
Ich lasse mich von Angehörigen für deren Fehler ver-
antwortlich machen.

Mich beschimpfen, ungerecht behandeln, um dann Geduld zu zeigen, wenn keiner mehr nach Schuld fragt.
Zwischen Machen, Bitten und vergessenem Anstand ist ein Danke eine echte Wohltat.
Es ist nie alles gut, aber die Chance, dass alles besser wird, ist immer gegeben.

Es kommt darauf an.
Es kommt darauf an, wie man zum Tod steht.
Und zum Leben.
Und wie man da raus geht.
Es kommt darauf an.
Es kommt auf den Menschen drauf an.
Jeder Mensch hat so viel zu erzählen.
Und zu geben.
Es kommt darauf an.

„Das Leben, das kann keiner aufhalten."
Ich habe gelernt.
Im Hier und Jetzt zu leben.
Und nicht nur zu träumen.
Manchmal muss man machen.
Ich habe gelernt.
Wie viel eine drückende Hand bedeuten kann.
Ich bin da.
Ich bin hier.
Alles ist gut.
Eigentlich ist gar nichts gut.
Ich verstehe das Leben manchmal nicht.
Ich verstehe die Krankheiten nicht.
Selbst wenn ich sie studiere, alles über die Anatomie und Physiologie recherchiere.

Ich verstehe die Rahmenbedingungen nicht, die unmög-
liche Grenzen setzten, ohne dabei all die Turbulenzen zu
berücksichtigen.
Ich verstehe so wenig.
Und suche den Sinn.
Und dann, dann öffne ich die Tür.
Die Tür zum Patienten hin.

Es kommt darauf an, wie man mit Situationen umgeht.
Oft sehen sie mich am Anfang eines Weges stehen.
Und sich selbst am Anfang vom Ende.
Man denkt nach.
Über Leben und Tod.
Über Gerechtigkeit.
Über den Sinn der Sinnlosigkeit.
Aber nicht immer ist es das Denken, das hilft.
Manchmal ist es das Leben.
Das Leben des eigenen Lebens, was bleibt.
Und Menschen vereint.
Kein Leben ist mehr oder weniger wert als das eines an-
deren.

Man lernt viel.
Viel über die Pflege,
über Medizin und das korrekte Handeln.
Viel über Geben und Nehmen.
Viel über Menschen.
Über das Leben, die Zeit,
das Gehen, das Festhalten und Loslassen.
Ich lerne Geschichten.
Lebensgeschichten.
Und ich bin dankbar.
Nicht das Leid der anderen lässt mich dankbar werden.

Sondern deren Lieder.
Deren Lebenslieder.
Teilhabe.
Schlüsse ziehen.
Ich bin dankbar.
Denn Erinnerungen bleiben.
Und manchmal,
manchmal prägen die Erinnerungen das eigene Leben.

Es kommt darauf an.
Ansichtssache.
Leben oder Sterben.
Festhalten oder gehen lassen.
Es kommt darauf an.
Was gibst du?
Was nimmst du?
Hier sollte ein Mensch, ein Mensch sein dürfen.
Mitten in der Pflege.

Herausforderungen treten auf.
Wir nehmen sie an, wachsen mit.
Wir sehen Leid.
Menschen gehen.
Halten Hände, lassen sie los.
Lachen Tränen. Weinen Tränen.
Diagnosen werden mitverkündet, mitgetragen
und wir versuchen zu heilen.
Menschen wieder laufen sehen.
Menschen fallen sehen.
Von Sterbenden das Leben lernen.
Pflegenotstand am eigenen Leib spüren.
Zweifel haben
und einen noch stärkeren Willen entwickeln.

Wir begegnen Menschen.
Tauschen Lebensgeschichten aus
und lernen jeden Tag etwas Neues.
Wir lachen, schlagen die Hände über dem Kopf zusam-
men und lernen, dass Humor wahrlich heilen hilft.
Und was entsteht, wenn sich Regen mit Sonne mischt.
Wir sind traurig, unendlich froh,
erleichtert und ängstlich.
Wir haben Mut.
Vorfreude.
Wir sind dankbar.
Wir haben Ängste, Sorgen, Zweifel.
Wir haben große Herausforderungen in der Pflege mit-
erlebt und machen uns Gedanken um die Zukunft.
Wir lernen, dass es an uns liegt, etwas zu verändern.
Herausforderungen und Druck
treffen auf Ziele, Träume und Pläne.

Neue Wege liegen vor uns.
Es ist ein Prozess.
Ein Prozess des Wachsens.
Und dieser Prozess ist anhaltend.
Ausgewachsen sind wir nicht.
Aber wir haben Wurzeln gefasst.
Kennen den Regen und die Sonne.
Und wissen beides zu nutzen.
Wir haben im Regen getanzt,
statt immer nur auf die Sonne zu warten.
Aber vielleicht kommt die Sonne ja noch.
Das Licht.
Mit viel Leidenschaft lässt sie sich prägen,
unsere Gesellschaft!

Und nicht alles, so oft ist es viel zu wenig,
liegt in unseren Händen.
Das Offensichtliche
wird wie selbstverständlich nicht verbessert.
Aber wehe,
das Wesentliche kann bald nicht mehr existieren.
Pflege am Limit.

Aber das Losgehen, das Veränderung schaffen wollen,
das liegt bei uns.
Und da sind großartige Vorbilder.
Da ist Inspiration für Reformen in der Pflege.
Da ist Licht.
Aber vergiss die Laterne dabei nicht.
Dein Potenzial auf dem Weg.

12. Mai dieses Jahr
Bist du dabei?
Es ist der Tag der Pflege.
Und wir brauchen dich.

Die verschlossene Tür

Ich laufe los, es ist dunkel. Nicht mehr weit, da vorne leuchten schon die Laternen. Und dann noch ein kleines Stück, dann bin ich da. Ein Stück geradeaus, dann links, rechts, um die Kurve, nach vorne, niemals zurück.
Schließe die Tür auf und atme ein, atme auf. Ziehe Schuhe und Jacke aus. Öffne die nächste Tür, weil die hinter mir schon lange zugefallen ist. Laufe die nicht vorhandene Treppe hinauf. Immer weiter nach oben, nie nach unten schauen. Tür auf, Tür zu, Licht an.

Das, das ist das Zimmer. Ich gehe durch den Raum und stelle fest, dass sich nichts verändert hat und trotzdem ist nichts mehr so, wie es mal war. Und an der Wand hängen all diese Bilder. Bilder von früher. Wie viel sich doch verändert hat. Wie wir uns doch verändert haben und trotzdem ist alles beim Alten. Angewohnheiten, die verstauben, nichts bedeuten und ohne Künstlernamen eingerahmt werden. Angestarrt wie im Museum. Immer weiter abgesackt. Tief unten.

Wo ist das Licht?
Wie lange noch ohne Sicht?
Selbstverständlichkeiten wahrgenommen, nicht geschätzt und doch vermisst. Irgendwie fehlst du.
Kein Ausweg, keine Lösung. Wo sind deine tröstenden Worte? Und unsere Orte? Wo ist die Sorte Mensch, die ich jetzt brauche und damit meine ich dich?
Alles geht kaputt, fällt tief und tut weh. Keiner da, der es repariert. Und dieser Wein, der schmeckt nur im Sommer. Nur mit dir. Auf dieser Wiese. Unter den Sternen.
All die philosophischen Worte, die nichts bedeuten und

mit dir doch an Wahrheit gewinnen. Keine Antwort und trotzdem weiß ich Bescheid.
Mach keine Versprechen, die du eh nicht halten kannst.
Versprochen – aus Versehen das Falsche gesagt und niemals nachgefragt.

„Schweige still!", sagt der Verstand.
„Schrei es raus!", brüllt das Herz.
Ein Herz aus Beton, also ist Schweigen angesagt.
Schweigen ist Silber, Reden ist Gold.
Keine Lust zu reden und so schweigen wir weiter.
Reden ist Silber, Schweigen ist Gold.
Die Goldmedaille gewonnen.
Aber der Test sagt, es ist kein echtes Gold.
Der Schein trügt und betrügt.
Lügt und belügt.

Ich frage dich noch einmal, wo du bist. Wo versteckst du dich? Ich finde dich nicht mehr. Du bist nicht mehr in diesem Zimmer. Wir sind nicht mehr in den Bilderrahmen eingerahmt, die Scherben liegen auf dem Boden und bringen auch da kein Glück. Denn du bist nicht mehr da, wo du immer warst. Du bist weg.
Den Weg hast du gefunden aus dem Zimmer heraus und die Tür abgeschlossen. Ich habe den Schlüssel gefunden und dich verloren.
Ich will wieder zurück in diese Bilder, da in diesem Zimmer, da an der Wand. Mit Stolz im Rahmen eingerahmt und Erinnerungen für immer geschaffen.
Im Rahmen die Worte versteckt, die ich schon immer sagen wollte und doch nie ausgesprochen habe.
Hätte ich es mal getan.

Grundlos am Nachdenken, am Philosophieren.
Hässliche Worte schönreden wollen
und dabei kläglich scheitern.
Ein Meisterwerk.
Da in diesem Zimmer.
Ich vermisse dich.
Habe den Schlüssel wiedergefunden, die Tür geöffnet,
bin die Treppe heruntergestiegen. Ich ziehe Jacke und
Schuhe an. Atme aus und geh hinaus.
Ich bin auf dem Weg, meinem Weg zu dir.
Denn ich muss dir endlich etwas sagen.
Die Tür fällt zu, naja, egal. Eine neue wird sich öffnen.

Vielleicht machst du ja auf.

Für Anna

Bis zum Meer und zurück.

Betrunken taumelnd treffen sich unsere Blicke auf der Tanzfläche. Ich kann dich nicht hören, aber ich sehe dich. Dein Lachen und deine Bemühungen, den Takt aufzuholen. Die Musik ist zu laut. Wir brüllen uns zu: „Morgen, morgen fangen wir an zu leben!" Unser Lachen danach – das Versprechen. So machen wir es immer. Morgen, morgen fangen wir an zu leben. In der festen Überzeugung, dass es morgen wird geben.

Doch es kam anders. Es gab ein Morgen. Aber wir begannen nicht zu leben. Ich glaube, es war der Anfang vom Sterben, der begann, ohne, dass wir wussten, wie das Leben aussieht. Ich glaube, du warst dem Tod am Morgen näher als dem Leben. Und du sagtest kein Wort und lächeltest mich an, so gut es ging.
Ich brachte dich zum Fähranleger, umarmte dich fest und trug deine Tasche bis an Deck, weil du keine Kraft mehr hattest. Ich nahm dich noch einmal in den Arm und sagte, dass ich dich liebhabe und du schreiben sollst, wenn du zuhause bist.
Hätte ich gewusst, dass es das letzte Mal sein sollte, hätte ich etwas anderes zu dir gesagt.

Aber unsere Geschichte, die fängt früher an. Ganze drei Jahre. Am selben Ort. Die Türklinke der WG ging runter und du tratst ein. In die Wohnung. In mein Leben. In mein Herz. Du warst wildfremd und wurdest in schnellster Zeit der vertrauteste Mensch in meinem Leben.

Du warst meine Mitbewohnerin, meine Arbeitskollegin, meine beste Freundin, meine Ärztin, meine Psychologin, meine Schwester, meine Friseurin, meine treuste Begleiterin, mein Schatten bei Sonne und das Licht in der Dunkelheit. Wir beide haben zwölf Monate lang jedes Sandkorn der Insel aufgewühlt, Feste gefeiert, Niederlagen eingesteckt, das Tanzen versucht zu lernen und das Leben lieben gelernt. Du bist in Lichtgeschwindigkeit ein Teil meines Lebens geworden, ohne den ich den Sinn plötzlich nicht mehr verstand. Wir versprachen, regelmäßig zurückzukehren und uns niemals aus den Augen zu verlieren.

Du bist mir mitten in der Nacht auf deinem Fahrrad hinterhergefahren, hast dich mit mir in dieses Taxi gesetzt und die Hand auch im Wartezimmer nicht losgelassen. Du hast mir nachts Brötchen geschmiert, mich mit Bier geweckt, Lebensmittellehre unterrichtet und Lebensweisheiten geteilt. Du hast mit mir zusammen die Puzzleteile meines Herzens aufgesammelt und geklebt. Wir waren in warmen Sommernächten bei Meeresleuchten schwimmen, unter klarem Sternenhimmel schaukeln und im strömenden Regen in Pfützen tanzen. Wir sind bei Morgengrauen Hand in Hand wankend nach Hause gelaufen, haben unter einem Farbenmeer am Strand gefeiert, haben uns den Sand aus den Haaren sortiert, Berliner Luft inhaliert und sind regelmäßig vor Lachen auf den Boden gefallen. Wir waren Weltmeister im Schlickweitwurf und erstklassige Mülltonnenrennfahrer. Uns gab es immer nur im Doppelbock. Ich am Joggen, du am Fahrradfahren. Wir haben uns zum Bahnhof gebracht und jedes Mal wieder abgeholt. Du hast nach einer langen Nacht meine Haare gehalten und ich jeden Sonntag deine Socken sortiert. Wir haben zusammen gelacht, geweint, gefeiert und gechillt. Wir lernten das Leben lieben und einander zu vertrauen. So war es immer und so wird es immer sein.

Du sitzt mir in der Inselbahn gegenüber und strahlst über den Horizont hinaus. Du blickst mich an und sagst, dass wir jetzt nach Hause kommen und du dieses vertraute Gefühl spürst. Am Abend wollten wir an Land gehen, aber dir ging es nicht gut. Und ich wollte nicht wahrhaben, was die Symptome uns vorhersagten, weil es keiner sehen wollte. Also warteten wir ab. Zwei Tage. Am dritten brachte ich dich also zur Fähre.
Die Antwort, dass du zuhause angekommen bist, erreichte mich, kurz bevor du die Treppe herunterfielst, doch davon erfuhr ich erst einen Tag später.
Es war einer der letzten Tage im alten Jahr, morgens um neun, als das Handy aus meiner Hand rutschte, ein Schrei meinen Körper verließ und die Tränen das Bett in ein Meer verwandelten. Wäre das Atmen kein automatisierter Prozess, hätte ich es vergessen. Mein Boden war weg. Du warst weg. Im Koma. Von jetzt auf gleich. Ich habe dir nicht alles gesagt, weißt du überhaupt, wer du für mich bist? Ich habe „Ich hab dich lieb" gesagt. Das sagt jeder zu jedem.

Wie ich die nächsten Tage verbrachte, weiß ich nicht mehr. Ich fuhr nach Hause. Erst zu dir, dann zu mir. An Silvester kam ich an. Ich ging kurz weg, ließ mich dann abholen. Ertrug es nicht ohne dich. Nichts war neu und froh. Du warst nicht da. Und ich einsamer als je zuvor. Es fehlte ein Teil von mir, der durch nichts und niemanden ersetzt werden konnte. Ich erkannte den Sinn im Großen und Ganzen nicht mehr. Ich ging arbeiten.

Brach zusammen. Hatte keine Kraft mehr. Ich wollte nicht umziehen. Nicht aufstehen. Nicht weitermachen. Das war ein Dauerzustand von zwei unerträglich langen Wochen, in denen dein Zustand auf und ab ging. Am zwölften Tag des neuen Jahres bekam ich die erste Nachricht von dir, bei deiner ersten Sprachnachricht rollten die Tränen über meine Wange.

Zwei Wochen später durfte ich dich besuchen. Schob dich im Rollstuhl übers Klinikgelände und stellte fest –von deinem trockenen Humor hast du nicht ein Stück verloren. Einen Monat später spazierten wir durch den Kurpark, den ich schöner fand als du.
Nichts ist mehr wie früher. Da sind laute, unausgesprochene Gespräche zwischen uns. Ängste, Sorgen, Tränen und die Gewissheit, dass das knapp war.
Wie dumm von uns, wir wollten doch anfangen zu leben. Jeden Tag außer heute. Dann war das Heute gestern und das Morgen kam anders als geplant. Und es wurde spät. Du hast mir gefehlt. So sehr, dass ich den Sinn des Lebens ohne dich nicht begriff.
Ich habe dich davonziehen sehen, ohne mich. Ich war sauer auf mich und meine Blindheit, ich gebe mir bis heute die Schuld daran. Ich war sauer auf uns, weil wir doch schon viel früher das Leben lebten, ohne es bewusst zu registrieren. Und ich war unfassbar sauer, weil ich dir am Anleger nicht sagte, was ich hätte sagen sollen. Ich habe dich lieb, ja, bis zum Meer und zurück.
Aber das, was ich dir hätte sagen sollen, ist:
„You are my person!“

Du warst weg und ich rannte dennoch immer zu dir. In meinen Gedanken, in meinen Notizen, mit all meinem

Sein. Ich wollte mir die verrückte Welt nicht ohne dich vorstellen und das werde ich auch nie!
Denn du bist da. Und ich sage zu dir:
„Ich bin froh, dass du da bist!“
Du nimmst mir den Arztbrief aus der Hand, nimmst mich in den Arm und antwortest:
„Ich bin froh, da zu sein!“

Ich habe dich nie gesucht und trotzdem haben wir uns auf einer Insel gefunden und angefangen, unsere Leben zu teilen. Dann habe ich festgestellt, dass das Teilen mit dir das Leben schöner macht.
Und ich es nicht nicht teilen kann.

Benommen vom Glück, taumelnd, treffen sich unsere Blicke auf der Tanzfläche. Ich kann dich nicht hören, aber ich sehe dich. Dein Lachen und deine Bemühungen, den Takt aufzuholen. Die Musik ist zu laut. Wir nehmen uns in den Arm, fest, blicken uns an, lachen und wissen beide: Wir sind am Leben!

Aufwachen

Ich wache auf. Drehe mich um. Der erste Blick fällt Richtung Fenster. Ist es schon hell? Oder noch dunkel? Wie immer mitten in der Nacht? Der zweite Blick geht Richtung Decke. Dass da noch kein Loch ist, ist das scheinbar einzige Wunder, das ich noch wahrnehme. Der dritte Blick geht Richtung Wecker, zu früh. Aber der Alltag wartet nicht länger. Ich setze mich auf. Trinke das Glas Wasser auf ex. Es ist still. Wie immer. Stille Wasser sind tief. Ich stehe auf. Vierter Blick – in den Spiegel. Wer ist diese Gestalt im Spiegel? Wäre ich ein Hund, würde ich bellen, so erschrecke ich mich.

Ich öffne die Tür, immer schwerer wird die Türklinke in der Hand und das Herunterdrücken. Das Knarren der Tür sagt unüberhörbar „Guten Morgen". Ich gehe ins Bad, schminke mich leicht, sodass die dunkelsten Augenringe der Augenringe überdeckt sind. Ich trinke den Kaffee, viel zu schnell für meinen Geschmack. Ich packe meine Tasche, das Essen, ziehe meine Schuhe an, die Jacke über. Mache die Lampe aus, verlasse das Haus und bin weg.

Der Alltag braucht mich nicht, vermisst mich nicht, wenn ich fehle, und doch stehe ich jeden Morgen aufs Neue auf. Weil ich den Alltag brauche. Das Einzige, das automatisch läuft. Das abgespeichert ist wie eine Routine. Der Alltag erfordert keine Hinterfragung, hinterfrage ich trotzdem alles andere.

Ich verstehe nichts. Absolut gar nichts. Was für einen Sinn hat das alles? Warum trifft man auf Menschen, die schneller wieder das eigene Leben verlassen, als dass man „Hallo, schön, dass du da bist" zu ihnen sagen kann?

Warum entscheide ich mich für Wege, die ich manchmal gerne verlassen würde?

Ja, manchmal, da will ich immer weiter querfeldein rennen. Ohne Ziel. Ohne Zuschauer. Ich will endlich wieder in den Spiegel schauen und etwas sehen. Jemanden sehen. Mich sehen und dabei vielleicht sogar finden. Ich will Ruhe. Es ist nicht von Bedeutung, ob ich schlafe oder aufstehe. Was macht das für einen Unterschied? Ich will nur einen Tag lang mal in keine Falle laufen, keinen Krieg anfangen, keine weiße Flagge hissen müssen. Ich möchte nur einmal keinen Grund für irgendetwas suchen. Ich will nichts finden, nichts entdecken. Nichts ergründen. Nichts hinterfragen. Ich will allein sein. Für mich und nichts. Geh fort, ich kann dich sowieso nicht halten. Ich kann dir nicht gerecht werden. Und wenn doch, zweifle ich so lange, bis alles in eintausend Einzelteile zerlegt ist.

Ich selbst finde den Aus-Knopf nicht. Schlafe schlecht. Ich nehme zu, ich nehme ab und die Leute urteilen. Verurteilen mich. Ich mache alles falsch, nichts richtig. Das Loch aus Selbstzweifel wird größer und größer, zieht mich immer näher und dann, dann falle ich. Rückwärts ins schwarze Loch. Selbst dann denke ich noch, was die anderen bloß denken.

Ich bin weg. Versunken in meiner Welt, zu der niemand Zutritt hat oder sich verschaffen kann. Ich sperre alles und jeden aus. Geh raus. Geh weg. Lass mich in Ruhe. Und komm nie wieder. Vielleicht komme ich wieder, vielleicht nicht. Ich tauche unter. Viel zu tief ein ins eigene Selbstmitleid und ich drohe zu ertrinken. Aber das juckt mich nicht. Überhaupt gar nicht. Ich gehe erstmal 'ne Runde schlafen, dann sehen wir weiter.

Ich wache auf. Mitten in der Nacht. Denke alles durch. Vom Anfang bis zum Ende. Wie bin ich bloß hier gelandet? Ich schlafe ein. Träume schlecht. Schreie auf. Und öffne die Augen. So geht es, bis es dämmert. Draußen und drinnen. Ich will nicht in diesem schwarzen Loch verweilen. Ich gucke raus, es ist hell. Der Wecker sagt, dass es Zeit zum Aufstehen ist. Die Decke hat nicht mal eine dunkle Stelle vom Starren. Ich trinke das Glas Wasser aus, bis auf den Grund. Tief sind die stillen Wasser. Ich stehe auf, schaue in den Spiegel. „Hm, wird schon werden irgendwann", sagt der lächelnde Mund. Die Tür knackt wie immer. Ich gehe heute aber nicht zuerst ins Bad. Ich frühstücke im Schlafanzug. Erledige gar nichts. Ich mache heute nur das, was ich will. Morgen geht der Rest der Welt erst wieder weiter für mich. Ich renne querfeldein übers Feld und sehe all die bunten Farben da draußen in der Natur. Ich vermisse den Alltag. Und morgen, ja, morgen komme ich zurück.
Ich verstehe nichts. Immer noch nicht. Ich finde den Aus-Knopf nicht so gut wie alle anderen. Es ist anstrengend, rund um die Uhr wach zu sein und zu denken. Es ist wie ein unaufhörliches Chaos in mir drin. Aber so trägt jeder sein Päckchen.

Den nächsten Tag stehe ich auf. Der alltägliche Wahnsinn hat mich zurück. Vier Blicke. Nicht perfekt, aber ganz okay fürs Erste. Und im Laufe des Tages flüstert der Alltag mir mehrmals ganz leise zu: „Ich habe dich vermisst und ich brauche dich."
Denn manchmal sind es die kleinen Dinge im Alltag, die mich weitermachen lassen. Die mich funktionieren lassen. Die mir sagen, dass es gut ist, so wie es ist. Manchmal sind es die ganz kleinen, scheinbar unbedeutenden

Augenblicke, die mich aufblicken lassen. Augenblicke, die dem eigenen Auge Lichtblicke verschaffen.

Es gab sie schon einmal. Diese Zeit. In der ich nichts annehmen wollte. Mich nicht bewegen konnte. Es gab sie schon einmal. Diese Zeit, in der ich das Leben nicht verstand. Nicht verstehen wollte. Und alles hinterfragte. Aber damals ging jeder diesen Weg. Bis zum Schluss. Danach ging ich allein in eine neue Richtung. Allein stand ich verzweifelt mitten in der kleinen Stadt und weinte. Und am Ende dieser Zeit? Ja, am Ende sagte ich, dass es die bisher schönste Zeit meines Lebens war. Aber es wurde Zeit, Zeit weiterzugehen. Es fühlte sich so richtig an.
Dann wurde es schwer und kompliziert. Immer noch mehr drauf. Ich hatte das Gefühl, zu ertrinken. Wo ist die Luft zum Atmen? Wo sind meine Antworten? Wo bist du? Zu viel auf einmal. Ich wollte schon immer zu viel auf einmal. Aber ist es zu viel verlangt, glücklich zu sein? Anzukommen? Ich will endlich verstehen. Ich rede mir so oft ein, so wenig zu brauchen. So viel verbannen zu können. Aber eigentlich kann ich nichts. Ich kann nicht ohne. Ohne dich, ohne uns, ohne sie, ohne euch.

Was ist das für ein Wahnsinn? Man mag Menschen. Man mag keine Menschen. Man liebt Menschen, die nicht zurück lieben. Warum? Warum ist das so? Ich schreibe meine Gedanken auf, mein Leben und neben mir nutzt ein anderer exakt meine Worte. Ihm geht es genauso. Aber er denkt dabei an eine andere Person.
Warum ist das Leben so? Ich will fertig sein. Fertig mit der Suche. Fertig mit dem Umhertaumeln. Ich kann nicht mehr. Und dann? Wo will ich hin? Was will ich

machen? Was sind meine Alternativen? Alternativlos. Hätte ich Zeitdruck, würde ich alles hinschmeißen und weggehen. Und dort? Ja, keine Ahnung, was ich dort soll. Ohne alles.

Meine Ziele verschwommen. Meine Träume sind Albträume. Wo ist der Aus-Knopf am Kopf, die Tür im dunklen Tunnel, der Morgen nach der Nacht? Wo? Sag doch! Ich kann nicht mehr. Noch zwei Jahre, noch drei Jahre und nach fünf, nach fünf darf ich gehen. Wohin? Ich weiß es nicht. Fünf Jahre. Was andere wohl in fünf Jahren alles schaffen werden… Ich, ich muss warten. Fünf Jahre. Ich habe ja alle Zeit der Welt. Wisst ihr was? Ihr nervt mich! Mit euren Anforderungen. Mit euren Erwartungen. Mit euren Plänen für mein Leben. Mit eurer Aussage, ich hätte Zeit. Was ist Zeit? Was ist mein Leben? Was ist wahr?
Mich quälen Zweifel, Ängste, Sorgen und hässliche Fragen. Ich will hier raus. Und ich hasse diese Zeit. Diese Zeit, wie ich sie schon einmal hatte. Nichts scheint zu helfen. Und hoffentlich entspringt dieser grauenhaften Zeit eine viel schönere Zeit.

Ich fragte nach dem Warum. Tag und Nacht. Und dann kam das Darum:
Ich – ein kleines Mädchen. Habe ein großes Päckchen mit einer noch größeren Schleife in den Armen. Und wie großartig es war. Ich war glücklich. Bis zu dem Moment, in dem eine Hand es von oben packte und mir wegnahm. Das Päckchen war so schwer, dass das Wegnehmen dazu führte, dass ich vornüber mit dem Gesicht auf den dreckigen Boden fiel. Das Gesicht voller Dreck, Matsche und Tränen. So sehr habe ich geweint und ich

schrie das Warum aus ganzer Seele himmelwärts. Vor lauter Erschöpfung legte ich meinen Kopf auf der Wange ab. Leidvolles Wimmern ging von mir aus. Ich öffnete die Augen. Und direkt davor blühte eine dicke, fette Löwenzahnblüte. Und das prachtvolle Gelb brachte mich sofort zum Schweigen.

Denn manchmal sind es die kleinen Dinge im Alltag, die mich weitermachen lassen. Die mich funktionieren lassen. Die mir sagen, dass es gut ist, so wie es ist. Manchmal sind es die ganz kleinen, scheinbar unbedeutenden Augenblicke, die mich aufblicken lassen. Augenblicke, die dem eigenen Auge Lichtblicke verschaffen.

Nicht Teil von hier

Ich bin gestrandet. Auf der einsamsten Insel, die die Welt jemals gesehen hat. Oder eben nicht sieht. Wir alle waren mal auf dem Festland. Teil des Ganzen. Dann löste sich ein großes Stück und schwamm wie eine Insel langsam los. Doch ihr, ihr seid nach und nach abgesprungen, zurück aufs Festland, wähltet für immer den festen Boden unter den Füßen.
Aber ich, ich bin immer geblieben. Auf der Insel, die jetzt die meine ist. Habe gedacht, dass meine Zeit noch kommt. Ich liebte den nassen Sand unter meinen nackten Füßen. Aber es wurde einsam ohne euch. Habe ich es verpasst, abzuspringen? Wann und wo hätte ich gehen sollen? Ich dachte, ich sollte bleiben.

Die Leute sagen, mein Fehler war der, zu gehen. Ich hätte allerdings niemals bleiben dürfen. Denn jetzt bin ich allein auf der einsamen Insel. Ich gucke tief ins leere Glas. Und schütte nochmal nach. Als Gastgeber der eigenen Feier selbst nur ein Gast. Zu Gast auf der Durchreise ins Unbekannte. Und neben mir sitzen all die verpassten Chancen, gute Freunde und Wegbegleiter. Ich war zu früh, zu spät, zu jung und zu alt. Doch noch nie war ich pünktlich oder alt genug. War niemals richtig, nie ganz falsch, immer irgendwas dazwischen. Aber niemals genug. Zwischen all den Polaroids immer nur die, die den Auslöser drückt. Vergessen, gestrandet, niemals vermisst. Alleine zwischen Wellen, Sandkörnern, der Sonne, den Sternen und den Was-wäre-gewesen-wenn-Fragen
unbemerkt untergetaucht. Schickte eine Flaschenpost zurück aufs Festland, bekam aber nie eine Antwort.

Früher war ich eine von euch. Heute seid ihr einsam unter euch. Ohne mich. Denn ich bin allein für mich. Ich weiß, ich werde nicht vermisst. Und ich freue mich. Für euch. Eure Beziehungen, Hochzeiten, Familienzuwächse, Hauspläne, Beförderungsangebote und Träume. Aber für mich ist das nichts. Ich bin zwar kein Tagträumer, eher so der Listen-Freak, nicht Typ spontan, sondern Typ mega verplant. Mein Tagebuch ist ein Terminkalender und meine Roadtrips sind schon von Beginn bis zum Schluss geplant. Ich bin nicht so Typ einsame Insel. Aber für jetzt ist es okay. Ich vermisse nichts und alles gleichzeitig. Ich möchte nicht zurück zu euch aufs Festland. Ihr wart es doch, die freiwillig absprangen, ich bleibe – bis zum Schluss. Versuche das Dahintreiben zwar ab und an zu steuern, aber ich bleibe auf der Insel und warte auf das, was noch kommt. Denn hier ist es nicht einsam. Hier bin ich allein für mich.

Nicht Teil von hier.
Kein Teil von dir.
Nirgendwo daheim.
Auf der Reise.
In der Wüste.
Bloß nicht stehen bleiben.

Die einen verreisen nach Afrika.
Die anderen verweilen unter ihrer Haube.
Und andere schlafen im Koma.
Keiner da.
Schrecklich allein.
Verlassen von allen,
die doch immer da zu sein scheinen.

Am Ende.
Zwischen Arbeit, Uni und Umzug
mal eben schnell noch zum Sport.
Zwischen Meerweh und Heimweh
das Heute aus den Augen verloren.

Die einen verlieben sich.
Andere verloben sich.
Freunde heiraten.
Familie wird größer.
Willst du seine Patentante sein?

Ich möchte ich selbst sein.
Wer bin ich?
Wo bin ich?
Von allen guten Geistern verlassen.
Allein gelassen.
An der schwierigsten Kreuzung die Schilder übersehen.

Einfach drauflosgelaufen.
Egal, was da kommt.
Nichts zu verlieren.
Schon lange keinen Boden mehr unter meinen Füßen.

Schickst du mir eine Karte?
Von wo immer du auch bist?
Von dir aus Afrika.
Von dir unter der Haube.
Von dir im Koma.
Ich hänge sie alle auf.
In meinen eigenen vier Wänden.
In denen ich zwar allein sein kann,
es aber manchmal nicht sein will.

Ich bin nicht Teil von hier.
War nie auch nur ein Stück von dir.
Nur ein bisschen weg von mir.
Um sein zu können bei dir.
Aber du hast uns nie zu Ende gedacht.
Und es zu Ende gebracht, was nie richtig begonnen hat.

Ich liebe die Erinnerungen.
Liebe sie zu viel.
Ja, ich lebe manchmal in Erinnerung.
Und vergesse das Jetzt.
Dabei war das eines der Dinge,
die du mir beigebracht hast.
Im Jetzt leben.
Aber damals war das Jetzt ein anderes.
Heute ist dieses Jetzt früher.
Und jetzt ist jetzt.
Ein Weg durch die Wüste.

Und ich vermisse dich.
Euch alle.
Besonders dich, die du liegst mit zig Schläuchen
in der Abwesenheit dieser Welt.
Vor meinen Augen zugrunde gegangen
und ich habe es nicht bemerkt.
Du warst so begeistert.
Von dem Geruch.
Dem Besuch.
Dem Heimatgefühl an dem vertrauten Ort.
Du hast doch gelacht.
Aber dir war nicht zum Lachen zumute.
Zwischen Hassen und Lieben.
Zwischen Leben lassen und Leben schaffen.

Zwischen den Jahren.
Dazwischen war schlimm und schön zugleich.
Schöne Momente. Gelacht. Geweint. Gehofft.
Es war das Schlimmste ohne dich.

Und das Schönste, als du wach wurdest.
Das Meer hat uns erst zum Lachen gebracht.
Und danach zum Weinen.
Es hat Glück gebracht und Leid.
Die Flut kam und riss den Boden weg.
Das Leben unterschätzt.
Die Unsterblichkeit überschätzt.
Und viel zu spät jeden Moment wertgeschätzt.
Dabei ist es doch so:
Das Leben an sich ist ein Schatz.
Ein Wunder.
Ein Geschenk.
Welch ein Wunder, dass es dich gibt!

In deiner Abwesenheit war auch ich nicht ganz anwe-
send. An keinem Ort dieser Welt. War bei dir, bei ihm,
in der neuen Wohnung, in der Prüfung.
Aber ich ruhte nicht.
War wie ein aufgewühltes Meer.
Meisterin im Selbstzerstören.
Nicht gefühlt.
Nur im Chaos gewühlt.
Immer weiter.
Vom Meer zur Wüste und nie zurückgekommen.
Hab 'ne Fata Morgana gesehen.
Sand geschluckt.
Und nie aufgehört, zu laufen.
Bis der Regen vom Himmel fiel.

Das war knapp.
Knapp davongekommen.
Und ich erinnere mich erst jetzt.
Schön, dass du da bist.

Ich bin nicht Teil von hier.
Aber du bist ein Teil von mir.
Und du fehltest mir so sehr.
Der Rest der Welt war mir egal.
Hätte alles haben können,
aber nichts war es mir wert ohne dich.
Lass mich nicht allein, das war mein größter Wunsch.
Dinge ändern sich.
Wir haben uns verändert.
Unabhängig voneinander.
Dennoch Teil der gleichen Geschichte.
Nichts ist mehr wie früher.
Aber eins bleibt für immer: Du bist ein Teil von mir.
Ich habe dich lieb,
bis zum Meer und zurück
und weiche nicht von deiner Seite.
„You are my person",
war das Letzte, was ich denken konnte.

Früher war ich eine von euch. Heute seid ihr einsam
unter euch. Ohne mich. Denn ich bin allein für mich.
Ich weiß, ich werde nicht vermisst. Aber du, du wirst
vermisst. Ich vermisse dich. Denn wir, wir gehören
doch zusammen, nicht gesucht und trotzdem gefunden.
Freunde fürs Leben. Du und ich, zusammen, allein auf
der einsamen Insel. Du und ich, niemals allein.

Das Glück der anderen (Pünktlich)

Da sind die anderen.
Sie jagen dem Glück hinterher.
Und fangen es ein.
Manchmal glaube ich, sie lassen mir nichts übrig.

Da sind die anderen.
Ich freue mich für sie und ihr Glück.
Sie sind verliebt, vergeben, verlobt, verheiratet, bauen ein
Haus, reisen um die Welt oder schaukeln mit ihren Kin-
dern auf dem Spielplatz ihrer Heimat.

Ich bin allein.
Nirgendwo so richtig zuhause.
Zerrissen zwischen Fernweh und Heimweh.
Ich habe keine Baustelle im Griff, so sagen es mir Freunde
ins Gesicht.

Ich laufe durch mein Dorf.
Ich hasse es hier.
Da ist der Uhrmacher, der mittlerweile mehr Tage krank
als gesund ist.
Der Schuhladen hat geschlossen.
Den Supermarkt meide ich auf 100 Meilen.
Und das scheinheilige Haus auf dem gegenüberliegenden
Berg stört mein Bild von Heimat.
Der Abschlusspfosten der Schule – einfach übermalt.
Nicht eine Spur ist noch da.
Nichts ist, wie es mal war und doch ist alles ätzend gleich-
geblieben.

Da sind die anderen.

Wegen ihnen werde ich nicht befördert, damit sie mich
nicht schlecht reden.
Sie gönnen mir nicht eine Strähne Erfolg.
Und lügen mir ins Gesicht.

Und dann fliehe ich ans Meer.
Dort würde ich gerne bleiben.
Irgendwie auch nicht.
Zwischen dem Gehen und dem Bleiben,
da liegt das Verweilen.
Das Verweilen in der Zwischenzeit.

Das bin ich.
Ich laufe den Möwen hinterher.
Vor ankommenden Wellen weg.
Dem Wind entgegen.
Ich laufe am Strand entlang.
Ich jage nicht. Ich fange nicht ein.
Und finde trotzdem.
Mein eigenes, persönliches Glück.

„Das, was wir nicht erwarten, ist das, was unser Leben
verändert."
Und da kam das Unerwartete.
Und mein Leben war verändert.
Plötzlich, unerwartet, trat die Veränderung ein.
Völlig unvorbereitet.

Aber jetzt, jetzt ist es zu spät.
Zu spät.
Zu früh an das Später gedacht.
Und dabei das Jetzt vergessen.
Jetzt ist es zu spät für das Früher.

Als das Unerwartete offiziell wurde, ärgerten wir uns,
dass wir nicht früher das Jetzt haben beginnen lassen.
Wir waren spät dran.
Und trotzdem war's zu früh.
Es war zu frisch, zu früh, um ans Später zu denken.
Ich tat es dennoch.
Und im Endeffekt war das der Anfang vom Ende.
Der Überraschungseffekt.
Kaum da, schon wieder weg.
Dabei ist doch alles, was ich wollte, pünktlich zu sein.

Zu spät.
Zu früh an das Später gedacht.
Und dabei das Jetzt vergessen.
Jetzt ist es zu spät für das Früher.
Zu spät für unpassende Entschuldigungen.
Zu spät für ein „Hallo, hier bin ich."
Es ist zu spät.
Wir können das Früher nicht im Jetzt leben.
Wir sind vorbei.

Und trotzdem,
trotzdem hat das Unerwartete mein Leben verändert.
Bis heute.
Da ist ein Teil, der fehlt.
Aber die Sehnsucht ist immer da.
Und manchmal bringt sie mich zurück,
zu dem Teil, der fehlt.
Die Sehnsucht sieht meine Sucht.
Und bringt mich hin.

Dieses Gefühl, wenn dir die Vorfreude den Schlaf raubt.
Alle Gedanken sich nur noch um den einen Moment

drehen. Du zählst zuerst Monate, dann Wochen, dann
Tage, ja, und bevor du Stunden zählst, rechnest du in
„Noch x-Mal schlafen".
Augen zu. Augen auf.
Der Tag ist gekommen.
Du hast das Gefühl, dass dir die Luft zum Atmen fehlt.
Dein Herzschlag ist deutlich spürbar.
Ja, fast offensichtlich.
Und wenn der Moment gekommen ist, dann schlägt dein
Herz noch schneller.
Du suchst nach Worten. Aber sie kommen nicht hervor.
Du versuchst, diesen einen Sehnsuchtsmoment zu be-
schreiben. Aber das geht nicht. Diesen einen Moment
muss man leben. Vom Anfang bis zum Ende.
Vorfreude ist die schönste Freude.
Bis die Vorfreude Realität wird. Dann, ja, dann ist das
(Er-)Leben die schönste Freude.

Das Leben an diesem Fleckchen Erde
ist die schönste Freude.

Wenn du mich dann suchst,
sind das hier die Koordinaten:
• Heimathafen.
• Ankerplatz.
• Lieblingsort.
• Glücksstelle.
• Freudenfleck.
• Friedenspunkt.
• Hoffnungsursprung.
• Sorgenfreiheitsgebiet.

Die Suche ist allerdings zwecklos. Denn hier verliere ich
mich, um mich wiederzufinden.

Ich denke nicht an früher, nicht an später.
Ich denke an das Jetzt.
Wobei, hier denke ich überhaupt nicht.
Hier lebe ich.
Hier bin ich nicht zu früh, nicht zu spät.
Nicht zu alt, nicht zu jung.
Hier bin ich das erste Mal in meinem Leben pünktlich.
Rechtzeitig am richtigen Ort.

Zuhause ist, wo dein Herz ist.
Mein Herz schlägt hier.
Nehmen kann mir das niemand.
Denn an jedem Fleck auf diesem Sandhaufen
habe ich ein Teil von mir verloren.
Puzzleteile, die alle zusammenkommen,
wenn ich wieder da bin.

Ich liebe das.
Augen zu. Einatmen.
Dieser Geruch ist mir so vertraut.
Ich weiß, wo ich bin, ohne hinzusehen.
Ich atme aus.
Und irgendwann wieder ein.
Ganz viel Salz und Glück.
So viel, dass mir schwindelig wird.
Aber wenn's zu viel wird, falle ich eben hin.
In den Sand.
Direkt in die Fußspuren der Person neben mir.

Auch hier mache ich Fehler.
Aber hier gibt's meine Lieblings-Holzwege.
Und die führen immer ins richtige Licht.
Das Sonnenlicht am Horizont, am Ende des Meeres.

Dieser Ort hat mich verändert.
Hier habe ich mich verloren und gefunden.
Und das passiert immer noch.
Das ist ein Prozess.
Ein ständiges Repeat.
Der Beat meines Herzens.

Denn hier schlägt es.
Zuhause.
Wir waren zu spät.
Auch mal zu früh.

Aber jetzt, jetzt bin ich pünktlich.

Am Meer

Ich stehe am Meer.
Mit jedem Atemzug am Durchatmen.
Höre die Möwen schreien, die Wellen rauschen und spüre den Wind in den Haaren.
Da ist Freude. Pure Freude.
Ich frage mich, wie ein einziger Schöpfer so viel Schönes und gut Durchdachtes erschaffen kann. Und glaube doch schon wieder als Geschöpf den Schöpfer verstehen zu können. Denk, denk, denk, ich bin nicht am Meer. Nicht am Strand.

Es ist Winter. Mir ist kalt. Und ich denke über Freude nach. Friede. Freude. Eierkuchen.
Freude – wo fange ich da bloß an zu suchen?
Vorfreude ist die schönste Freude.
Ich habe mich gefreut.
Auf Weihnachten. Wie jedes Jahr.
Aber ich war so gestresst wie jedes Jahr, nur schlimmer.
Und plötzlich war es so weit – habe die Vorfreude beinahe völlig übersprungen und bin im Moment der Freude gelandet. Direkt an Weihnachten. Mittendrin statt nur dabei.
Und dann war's vorbei.
Also das Fest.
Das Weihnachtswunder bleibt. Diese Freude auch.
Jeden Tag.
Aber verrate mir, war denn der ganze Stress umsonst?

Dann habe ich mich auf Silvester gefreut.
Das Jahr Revue passieren lassen und gesagt, dass ich das Leben nie verpassen darf. Nicht einen Augenblick.

Zack. Null Uhr. An meine Vorsätze kann ich mich schon nach einer Stunde nicht mehr erinnern. Und die Angst hat die große Klappe des Mutes schon in ein paar Stunden überwunden.

Neues Jahr. Neues Glück. Neue Freude.

Aber wie soll ich Freude leben, wenn das Leben mir so oft die Freude zu nehmen scheint?

Du bist ein Gott, der mich sieht. Und manchmal macht mir das Angst. Was denkst du über mich, wenn ich, die doch zur Freude geschaffen wurde, in manchen Momenten nicht einmal ans Lachen denken will? Wie undankbar bin ich doch, wenn ich mich nicht einmal freuen möchte.

Das ganze Leben an sich ist ein Wunder. Darüber könnte ich Bücher schreiben. Ja, solche Wunder habe ich selbst erlebt, da stehen heute Menschen neben mir, denen andere das Leben ausredeten, weil es Momente gab, in denen diese Menschen dem Tod näher waren als dem Leben. Und ja, da ist Freude. Freude, die ich nicht in Worte fassen kann. Und trotzdem ertappe ich mich dabei, wie ich manchmal nichtmal ein Stück Freude empfinde. Sondern Wut. Verzweiflung. Angst. Und so viele Fragen sind da, die die Freude in den Schatten stellen.

Und den Heiligen Geist, den kenne ich so gut, denke ich oft. All die Dinge, die ich spüre, das ist er doch? Der Heilige Geist, oder? Der mir versprochen wurde? Als Helfer. Als Beistand. Und dennoch denke ich so oft daran, was ist, wenn er mich verlässt. Und all die Früchte wieder mitnimmt. So auch die Freude. Und dann erinnere ich mich an sein Versprechen: dass er mich nicht verlässt, auch wenn der Rest der Welt es so belässt.

Wir sind zur Freude geschaffen.
Aber wie lässt sie sich finden? Die Freude im Glauben?
Freude am Glauben.
Glauben leben.
Glauben in die Tat umsetzen.
Das ist Freude.
Und ich darf diese Freude teilen.
Mit Freunden. Mit Mitmenschen.
Da ist Freude im Miteinander.
Im Lebenteilen.
Im Leidenteilen.
Im Freudenteilen.
Und soll ich dir etwas verraten?
Jeden Tag kann da Freude sein, mitten im Alltag.
Freude, weil wir errettet sind.
Das klingt so förmlich.
So selbstverständlich.
Dabei ist es so unbegreiflich.
Unaussprechlich.
Da müsste Freude sein,
schon beim Denken dieser Zeilen.

Doch sag mir, wo ist die Freude hin? Die Echte.
Das Lachen aus vollem Herzen heraus,
das Glückseligkeitsgefühl, die Herzhüpfmomente und
die Seelenwärmermomente?
Sag schon, Herz, wie hart kannst du sein, dass du bei all
den Worten nicht mehr fühlst?
Und doch, es fühlt noch.
Wie ein glimmender Docht,
der nach neuem Feuer ächzt.
Und nicht mehr brennt, weil das Leben passiert.
Und das Leid.

Aber hör mir zu, da ist Freude im Leid.
Freude und Leid liegen dicht beieinander.
So dicht, dass da Schönes im Hässlichen ist.

Und so oft glaube ich, dass früher alles besser war.
Doch im schönsten Buch der Welt steht geschrieben,
dass die Person, die das sagt, wenig Weisheit besitzt und
scheinbar das wahre Leben noch nicht kennt.
Okay, aber ich will doch weise sein.
Also: Früher war schön.
Erinnerungen lassen mich mit Freude zurückdenken.
Aber das Heute ist auch schön.
Weil wir geliebt sind.
Jeden Tag. Jede Stunde. Ja, jede Sekunde.
Und ich bin gespannt auf das Morgen.
Auf jedes Morgen.
Bis es der letzte Morgen wird.
Denn das Beste kommt zum Schluss.
Wobei das ja dann erst der Anfang ist.
Diese Hoffnung, die kein leeres Versprechen bleibt, das
ist Freude.
Das Beste kommt noch.
Und das, das ist ewige Freude.
Gegründet im Gestern.
Gelebt im Hier und Jetzt.
Da ist Freude.
Unergründliche Freude.
Freude über die Zusage, dass wir geliebt sind.
Freude über die Zusage, dass wir errettet sind.
Freude über die Gewissheit der Liebe und der Rettung.
Freude über den unermesslichen Segen, der wie Regen in
jeden Sprung des zerbrochenen Gefäßes fließt.

Da ist Freude über all die Aufträge, die wir erhalten, damit wir das Reich Gottes weiter aufbauen dürfen.
Freude an der Schöpfung.
Freude an Jesus Christus.
Freude als Frucht des Heiligen Geistes.
Zur Freude geschaffen.
Freude im Miteinander.
Freude über die Erlösung.
Freude im Leid.
Ewige Freude.

Du bist nicht nur ein Gott, der uns sieht,
du bist ein Gott, der uns liebt.
So sehr liebt, dass du dir wünschst,
dass deine Freude uns ganz erfüllt.
Damit wir nicht weiter leer sind und den Sinn suchen.
Sondern den Sinn in dir finden.
Und damit Freude, die mit nichts vergleichbar ist.
Gefüllt mit Freude.
Vorfreude ist die schönste Freude.
Freude auf dich, die mich schon jetzt trägt und meinem Herz zeigt, wie es schlägt, wenn es das bei all den Umständen vergisst. Freude.
Da ist Freude – überall.
Freude – hör auf zu suchen und fang an, sie zu finden.
Denn so weit ist es nicht – sie liegt in dir.
Vor dir. Und um dich herum.
Da ist Freude im Glauben. Freude im Leben.
Und durch das Leben im Glauben
kommt Freude in den Glauben.
Und Freude ins Leben.
Also, Freunde des Lebens – lasst uns glauben, lasst uns leben, lasst uns lieben. Lasst uns freuen.

Route

Ich laufe.
Querfeldein.
Über die schönsten Holzwege.
Orientierungslos.
Mal hier, mal da.
Zuhause.
Wie ein Gast.
Selten wirklich daheim.
Nannte das liebevoll
„Zwischenzeit".
Die Sommersprossen sind in der Sonne so unzählig
wie die Sandkörner am Meer.
Gefangen zwischen Meerweh und Fernweh.
Selten zieht das Heimweh.
Mitten auf dem Flur, alle Türen zu.
Aber das ist gerade okay.
Habe angefangen aufzuhören, diese Zeit zu benennen,
denn sie wurde bloß mit Leere gefüllt.
„Dazwischen" –
an die Vergangenheit gedacht,
auf die Zukunft gewartet,
das Jetzt nicht geschätzt.
Aufgehört.
Muss den Dingen keinen speziellen Namen mehr auf-
binden.
Nenne es jetzt entspannt
„Leben".

Traumanfänger

Hey Gott!
Ich bin anders.
Ich wäre gerne gleich.
Ich wäre gerne Teil der Mehrheit.
Teil der Mehrheit, die behauptet, sie wäre anders.
Und die dabei so schrecklich gleich ist.
Teil der Mehrheit, die behauptet, sie wäre besonders.
Und die dabei so schrecklich nachahmend ist.

Hey Gott!
Ich höre auf, zu träumen.
Ich lebe keine Träume mehr.
Es funktioniert nicht.
Das Leben ist schwer, ohne Träume.
Aber leicht ist es auch nicht, Träume zu haben.
Die werden nicht wahr.

Hey Gott!
Ich weiß nicht mehr, wie ich beten soll.
Ich glaube, du hörst mir nicht mehr so oft zu.
Und ich habe keine Zeit.
Und außerdem kannst du ja sowieso Gedanken lesen.
Die verstehe ich selbst nicht.
Wie willst du mich dann verstehen?

Hey Gott!
Ich wollte dir das nur eben sagen.
Über eine Rückmeldung würde ich mich sehr freuen,
aber ich erwarte nichts.
Denn ich habe Angst vor Enttäuschungen.
Liebe Grüße von meiner Angst und bis bald.

Gott schuf den Menschen zu seinem Bild.
Zu seinem Ebenbild erschuf er sie.
Und erschuf sie als Mann und Frau.
Wir versuchen uns Gott zu schaffen,
dabei hat er doch uns erschaffen.
Wir versuchen uns Gott vorzustellen,
dabei hat er sich uns vorgestellt,
uns geplant und erschaffen.
Er ist der Töpfer, wir sind der Ton.
Er der Schöpfer, wie der Sohn und die Tochter.

Ich wurde von ihm erschaffen.
Und ich wurde ganz sicher nicht geschaffen,
um alles allein zu schaffen.
Ich bin nicht allein.
Also sollte ich aufhören, das zu glauben.

Ich bin nicht für die Sorgen von Morgen geschaffen.
Schau dir die Vögel an.
Sie sind frei.
Finden jeden Tag Futter.
Sie nutzen ihre Flügel und fliegen.
Schau dir die Blumen an.
Sie nutzen den Regen und wachsen.
Sie nutzen die Sonne und blühen.
Sorgen sich die Vögel?
Sorgen sich die Blumen?
Auch sie wurden von Gott erschaffen.
Also frage ich dich, müssen wir uns sorgen?
Um das Gestern und das Morgen?

Wir wurden nicht erschaffen,
um neue Sorgen zu schaffen.

Oder Tage allein zu schaffen.
Wir wurden für seine Existenz geschaffen.
Und die ist beständig.
Nicht veränderlich.
Seine Existenz ist mein Fundament.
Da gibt's nichts dran zu rütteln, denn es steht fest.
Das Fundament.
Und der Wert.

Dein Wert steht fest.
Mein Wert steht fest.
„Unbezahlbar", lautet der Preis.
Wirf doch noch mal Feuer in die Glut.
Dann brennt es wieder.
Das Feuer in dir.
Das ist wie Wind in den Segeln.

Meine Grenzen und
all die endlosen Turbulenzen
sind seine langersehnten Lizenzen
zum Neues-Kredenzen.
Da gibt es Differenzen.
Zwischen meinen Vorstellungen
Und seinen Plänen.
Aber leider ist es oft so, dass ich erst an meinem Ende
an seinen Anfang glaube.

Dabei schreibt er Geschichte.
Seine und deine. Und meine.
Er schreibt mit uns gemeinsam Geschichte.
Und an der Stelle, wo wir das Ende der Geschichte ver-
muteten, hat er das alles entscheidende Komma gesetzt.
An Ostern.

Du bist sein Kunstwerk.
Seine Handschrift.
Ein Unikat.
Du hast es in dir:
Alles, was du brauchst.

Wir sind erschaffen, es gemeinsam mit ihm zu schaffen.
Und wir sind berufen.
Für große Träume.
Träume groß.
Und lebe drauflos.
Er der Töpfer.
Du der Ton.
Er der Schöpfer.
Du der Sohn.
Er der Schöpfer.
Wir die Töchter.

Und dann macht ihr Spruch auch Sinn:
Träume nicht dein Leben, sondern lebe Gottes Traum.
Versetze dich mal in Gottes Lage.
Nein, lass es sein, wir sind nicht Gott.
Und wir können uns ihn auch nicht vorstellen.
Aus Gottes Perspektive bist du anders.
Und er träumt von dir.
Denn er liebt dich.
So sehr, dass er das Opfer brachte.
Uns sag mir, welchen Sinn hätte es, dich zu retten, alles
zu geben, um dich dann doch fallenzulassen?
Er hat seinen einzigen Sohn gegeben.
Gratis, aber nicht umsonst.
Denn er hat es für dich getan.
Für deine und meine Schuld.

Also sei dir sicher,
Gott hört dich.
Gott sieht dich.
Gott liebt dich.
Und alles, alles, was passiert,
bereitet dich auf die Zukunft vor.

Hey Gott!
Ich bin anders.
Und das weißt du.
Und du liebst es so.
Denn du hast mich so gemacht.
Einzigartig erdacht.

Hey Gott!
Ich habe Angst, zu träumen.
Aber mit dir zusammen will ich es wagen.
Ich bin ein Traumanfänger.
Und du, mein Traumfänger, der meine Träume fängt
und sich alles behält, was mich bewegt.
Hilf mir, deinen Traum zu leben.

Hey Gott!
Ich weiß manchmal nicht mehr, wie ich beten soll.
Also schreibe ich dir diesen Text.
Und ich glaube, du hörst mich,
auch wenn ich schweige.
Du kennst mich besser als ich mich selbst,
denn du hast mich erschaffen.

Hey Gott!
Ich wollte dir das nur eben sagen.
Und ich weiß, dass du mich hörst,

dass du da bist und mich liebst.
Deine Antwort lag im leisen Flüstern des Windes.
Der Wind in meinem Segel.
Ich bin auf dem Boot. Mit dir.
Mutig lasse ich mich vorantreiben.
Bis ich in deinen Armen bin.
Liebe Grüße von meinem neuen Mut.
Denn Mut, ja, Mut ist Angst, die gebetet hat.

AMEN.

ÜBER DAS MORGEN

Hoffentlich angekommen

Und sie lief und lief, ohne zu wissen, wohin. Sie rannte den anderen davon. Und sich selbst damit entgegen. Sie war auf dem Weg. Kein Ziel vor Augen. Und plötzlich klopfte es. Ihr Herz. Die Seele schrie: „Angekommen!"

Dunkelheit, vom Licht durchbrochen.
Unendliche Weite.
Wie ein „Alles wird gut, versprochen!"
Salz in der Luft.
Sonne im Herzen.
Die langersehnte Stille vermischt sich
mit dem Rauschen ankommender Wellen
und wegschwimmender Sorgen.
Die Ruhe vor dem Sturm.
Ich freue mich auf morgen.
Denn der Strand zeigt:
Das Schöne bleibt,
auch wenn es sich ständig verändert.

Alles im Leben hat seine Zeit.
Ich bin noch nicht angekommen.
Bin noch in der Zwischenzeit und das ist gut so.
Aber „morgen",
morgen bin ich hoffentlich angekommen.

Bis dahin schaue ich dankbar zurück.
Mag das Schöne im Hier und Jetzt.
Und freue mich auf morgen.

Da ist Himmel im Herz.

Danke

Da sind Dinge passiert.
Viele beschissene Dinge.
Das Leben ist passiert.
Da kam manchmal ein Stück Tod ins Leben.
Manchmal war das Stück groß.
Das Leben hat gewonnen.
Immer.
Liegt im Auge des Betrachters.
Ich werde erwachsen.
Wie so viele andere gleichzeitig.
Das ist nicht immer so leicht, wie Oma das sagt.
Manchmal ist's schwer.
Aber wir sind am Leben.
Und das ist schön.
Oft. Meistens.
Da sind Dinge passiert.
Schöne Dinge.
Das Leben ist passiert.
Zwischen meinem ersten und meinem zweiten Buch,
da sind diese Texte passiert.
Jeder hat was zu erzählen.
Seine Geschichte.
Das war ein Teil meiner Geschichte.
Danke für deine Aufmerksamkeit.
Kuss!

**„Allem bin ich gewachsen durch den,
der mich stark macht.“**
Philipper 4,13

Themenbände – Originell auf den Punkt

In unseren Themenbänden geben mit die besten Poet*innen der deutschsprachigen Slamszene ihre Gefühle, Ideen, Erfahrungen, Utopien und Meinungen zu bestimmten Themen preis. Ob lyrisch oder prosaisch, ob nachdenklich oder humoristisch, auf jeden Fall lesenswert.

Themenband 1

Themenband 2

Themenband 3

Themenband 1   ISBN: 978-3-98809-002-7
Themenband 2   ISBN: 978-3-98809-004-1
Themenband 3   ISBN: 978-3-98809-009-6
12,95 EUR (DE) | www.dichterwettstreit-deluxe.de

Theresa Sperling – Sezierung

Theresa Sperling präsentiert in ihrem ersten Sammelband alle 33 lyrischen Slamtexte aus 2014–2024. Jeder ihrer Texte hat ein eigenes Vorwort zur Entstehungsgeschichte sowie Anmerkungen zu Performance und Wirkung des Stücks. Stürzt euch in zehn Jahre künstlerisches Schaffen der zweifachen deutschsprachigen Meisterin im Poetry Slam.

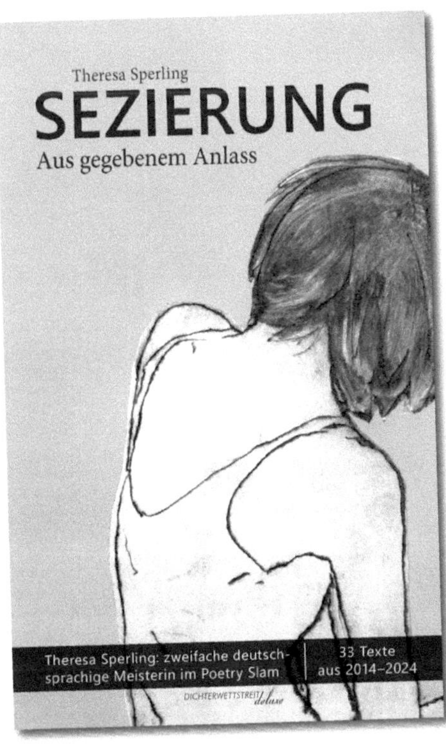

Textsammlung der zweifachen deutschsprachigen Meisterin im Poetry Slam

Sezierung
16,00 EUR (DE) |

ISBN: 978-3-98809-015-7
www.dichterwettstreit-deluxe.de

DICHTERWETTSTREIT *deluxe*

Unser gesamtes Programm gibt's unter:

www.dichterwettstreit-deluxe.de/shop